立德树人视阈下高校德育工作
与思想教育创新

赵宇华　于志勇　著

延边大学出版社

图书在版编目（CIP）数据

立德树人视阈下高校德育工作与思想教育创新 / 赵宇华, 于志勇著.-- 延吉：延边大学出版社, 2020.12
ISBN 978-7-230-00607-1

Ⅰ. ①立… Ⅱ. ①赵… ②于… Ⅲ. ①高等学校－德育工作－研究－中国 Ⅳ. ①G641

中国版本图书馆 CIP 数据核字(2020)第 255258 号

立德树人视阈下高校德育工作与思想教育创新

著　　者：赵宇华　于志勇
责任编辑：邵希芸
封面设计：延大兴业
出版发行：延边大学出版社
社　　址：吉林省延吉市公园路 977 号　　　邮　　编：133002
网　　址：http://www.ydcbs.com　　　E-mail：ydcbs@ydcbs.com
电　　话：0433-2732435　　　传　　真：0433-2732434
制　　作：山东延大兴业文化传媒有限责任公司
印　　刷：延边延大兴业数码印务有限责任公司
开　　本：787×1092　 1/16
印　　张：14.75
字　　数：180 千字
版　　次：2022 年 3 月 第 1 版
印　　次：2022 年 3 月 第 1 次印刷
书　　号：ISBN 978-7-230-00607-1

定价：48.00 元

作者简介

赵宇华，女，内蒙古赤峰人，自 2005 年至今就职于辽宁工程技术大学，主要教授"汉语精读""汉语泛读"等课程，现主要从事"中国近现代史纲要"课程的教学。

于志勇，男，汉族，内蒙古赤峰人，硕士，讲师，就职于辽宁工程技术大学。

前　言

党的十九大报告作出了"中国特色社会主义进入新时代"的重大判断，新时代对个人思想道德品质提出了更高的要求。但在多种因素的影响下，目前受教育者的实际思想道德素质与现代社会对个人思想道德素质的要求还存在一定的差距。全国高校思想政治工作会议提出，高校思想政治工作关系到高校培养什么样的人、如何培养人以及为谁培养人这个根本问题。要坚持把立德树人作为中心环节，把思想政治工作贯穿教育教学全过程，实现全程育人、全方位育人，努力开创我国高等教育事业发展的新局面。

加强高校德育工作，要厚植校园文化沃土，繁荣发展高校人文社会科学研究，打造丰富、多样的人文课程，开展高品质的社团活动，做好管理和服务的全方位育人工作，营造浓厚的校园文化氛围，进而引领社会健康文化潮流，营造理性、和谐的社会环境。

开展物质文化建设：可以赋予校内建筑丰富的文化含义，如建设校史馆、团史馆、青年文化角等；还可以强化形象标识认同，如运用校徽、校训、校歌等元素制作文化衫、笔记本等文化产品，培养学生对学校的归属感和对校园文化的认同感。

开展精神文化建设：加强校风、教风、学风建设，让校训成为每个学生共同的道德规范；开展特色文化活动，在节日和重大纪念日举行大型的主题文化活动；打造特色学生社团文化，建设一批校园精品社团，引领校园文化的发展。

开展制度文化建设：形成一系列科学合理的校园制度和规范，并有效执行，使校规成为师生共同的行为准则。校园制度不仅能维持学校活动有条不紊地进行，还能保持文化建设的稳定性和持续性，进而优化德育环境。

目　录

第一章 高校德育工作的理论研究

第一节 高校德育工作面临的困境

随着社会经济的不断发展，用人单位对人才质量的要求也越来越高。道德品质成为许多用人单位选用人才的重要标准。因此，对高校来说，做好学生的德育工作，在当下有着重要的意义。但由于一系列因素的影响，许多高校在德育工作方面遇到了一些问题。本节内容立足实际，对高校德育工作面临的困境及对策进行分析论述。

十九大报告强调了加强思想政治工作和党建工作的重要性。目前，随着高校招生规模的不断扩大，通过德育工作来进一步引导学生形成良好的道德品质，使学生树立正确的人生观、价值观和世界观，成为国内高校的普遍共识。但是在具体的实施过程中，还是存在一些问题，其中不仅有具体执行层面的问题，也有机制层面的问题，这些问题在一定程度上阻碍了高校德育水平的提升。因此，当下必须针对困境寻找方法，使高校教育工作在提升学生专业能力的同时也不断提升学生的思想品质，真正促进学生"德才共进"。

一、高校德育工作的价值探析

做好德育工作，不仅对学生有着重要意义，对高校自身发展、社会发展也有着重要的意义和价值。

（一）能够提升学生自身的发展水平

高校做好德育工作，能够让学生具备更健全的人格、更高水准的道德认知以及更高水平的思想觉悟，能够促使学生在学习、生活中明确"知何可为，知何不可为"的思想，并自觉树立更高的理想信念。学生形成良好的道德品质，也有助于学生自身精神气质的提升，促使学生在未来获得更强的竞争力和更广阔的发展空间。

（二）能够推动社会的不断发展

大学生是未来社会的后备力量，是推动社会各行各业发展的后备军。而高校作为高素质人才的重要培养基地，承担着为社会、为各个行业培养和输送新鲜"血液"的重任。做好德育工作，能够让学生具备良好的道德水准和更高的思想觉悟，从而促使学生在未来的工作岗位上和生活中都能创造更多的经济价值和社会价值。

（三）能够彰显高校的办学水平

检验一所高校办学质量和办学成果的标准往往是看高校培养的人才的质量。从这一角度来说，做好学生的德育工作，让学生能真正成为"内外兼修，德才兼备"的现代化高素质人才，能够体现学校良好的办学理念和较高的办学水平，从而促进高校竞争力的提升。同时，在党大力弘扬的"立德树人"这一宗旨下，做好学生的德育工作，也是高校顺应时代发展的必然选择。

二、当前高校德育工作面临的困境

很多高校经过长期发展，在德育工作方面积累了大量的经验。但是随着社会的不断发展，高校德育工作也面临着新的问题和挑战，主要表现在以下几个方面：

（一）高校德育工作的效果不显著

高校德育工作的效果如何，往往体现在学生身上，但是从现状来看，很多高校德育工作的效果还是不太明显。很多高校学生对传统道德文化中仁、义、礼、智、信的观念认同感不强，缺乏社会主义核心价值观的实践，一些学生甚至做出和社会主义核心价值观相悖的行为。例如，学生在择业过程中，不关心工作价值，只关心岗位是否"舒服、钱多"；在学校活动中过于看重个人得失，缺乏集体主义精神等。这些问题的出现，表明目前高校的德育工作仍存在很多问题，例如，德育教师的创新性不足、积极性不够，不能主动地思考和创新，只满足于现行德育大纲的安排；一些教师对自身德育角色的定位不清晰，德育工作不够全面、细致，只注重对课程的讲解，忽视了对教育效果的提升等。

（二）高校德育工作的内容单薄

德育应当通过丰富的形式来对学生进行多角度的引导和渗透，如理论结合实践、文化熏陶结合行为引导等。但是目前高校德育工作的内容还是较为单薄，其主要表现是：第一，目前大多数高校仅完成大纲要求的一些基础性德育工作，开展的德育活动形式单一，基本以课堂教学为主，数量少且质量不高，远远不能满足学生的德育需求，在文化熏陶、实践活动方面几乎处于"真空"状态；第二，在实际的德育工作中，高校只注重德育工作的组织实施，忽略了德育工作前的调研诊断以及德育工作后的效果评估和反馈，导致德育工作不能解决实际问题；第三，很多德育教师自身也存在一些问题，如自身能力不足、对自我要求不严格、疏于学习和实践、不能深入地进行学习和研究等。

（三）高校德育工作与专业教育脱节

高校德育工作要想真正起到指导学生实践的作用，就要将具体的德育工作和专业教育相结合，让学生能够更好地运用自己所学的专业技能，去做正确的事和有价值的事。但是目前很多高校教师在进行思想政治教育的过程中，很少能够将德育和专业教育相结合。究其原因，主要是因为很多教师对德育工作的重视程度不够，经验不足，思考问题时不够全面，对德育路径没有系统、深入的了解。这种"二元"的德育模式，使很多学生难以将在德育过程中形成的思考真正用来指导自己专业领域的创新实践。

三、高校德育工作困境的解决对策

（一）教师要着力提高自身的德育工作水平

要想提升德育工作的效果，教师首先要增强自身的德育工作水平，具体方法包括：第一，教师要转变思想观念，提高对德育工作的重视程度，深刻地认识到德育工作的价值和意义，积极反省自身在德育工作中的问题和不足，以促进学生将道德认识"内化于心，外化于行"；第二，教师要不断学习、强化实践，努力向书本学、向专家学、向同行学，不仅要学习德育方面的专业理论知识，更要强化德育工作实践，要持续深入地思考和研究在对学生进行德育工作时遇到的问题，以及学生自身在德育养成方面的问题、学生优秀道德缺失的表现和原因等，不断增强分析问题和解决问题的能力；第三，教师要优化工作思维和方法，要经常在学生中调研走访，了解学生思想认知、道德观念等方面的现状，对目前学生存在的问题和需求进行深入分析。在此基础上，教师应积极借鉴同行的优秀做法，提升自身的德育工作水平。

（二）创新德育工作的内容和方法

当前，高校可以通过创新德育内容和方法，来实现对学生多方面、多角度的德育影响，具体措施包括：第一，强化文化熏陶，加强教学环境和校园文化环境建设，开展形式多样和内容丰富的道德主题实践活动，营造遵守传统美德、恪守社会主义核心价值观的氛围，让学生感受到养成良好思想品德的价值所在，鼓励学生树立追求和坚守高尚品德的信念。在此过程中，还要不断创新道德文化内容，要充分挖掘、提炼优秀传统文化中的德育内容，实现古为今用。第二，要积极发挥"第二课堂"的作用。高校共青团是高校先进青年学生的群众性组织，高校可以鼓励并指导高校共青团设计和组织一些道德教育实践活动，如参观德育实践基地、廉政警示教育基地或开展学雷锋日等活动。第三，高校可以经常邀请一些地方道德模范和学生面对面交流，让学生在近距离接触道德模范的过程中受到熏陶。

（三）推动道德教育和专业教育相结合

在开展道德教育工作的过程中，要持续推动道德教育和专业教育相结合，要根据不同专业、不同学生的特点，对德育工作进行适当的改造和创新，使之能够和专业教学融合发展。比如，教育专业的学生在大学阶段就要加强自身的师德修养，从而拥有崇高的教育理想和职业追求，能够在内心形成"甘为人梯"的价值追求，能够形成"桃李不言，下自成蹊"的职业价值观。再比如，对计算机专业而言，为了增强学生的爱国情怀和民族自豪感，在对学生进行思想政治教学的过程中，可以重点推荐一些优秀的国产软件或者国产硬件设备，引导学生认识到这些科技成果的问世表明我国计算机科研水平已经达到了世界领先水平，而这种成就不是一蹴而就的，党和国家的领导为我国计算机科研事业提供了良好的外部环境和保障。

（四）完善高校德育工作的评估机制

完善德育工作的评估机制，是为了客观评价高校德育工作在学生的成长过程中所发挥的作用，并且让德育教师形成一定的工作目标意识，引起高校内各部门、各主体对德育工作的重视并自觉提高工作效率。高校可以围绕学生的道德品质、思想觉悟、具体行为等方面建立相关的考核机制。在具体的考核过程中，应采取多元化的方式来提高考核的公平性和科学性，如定期对德育实践活动的数量、学生反馈等进行汇总，以此为依据对教师的德育工作做出合理评估，也可以采取教学调研的方式，来了解教师教学的水平和质量。此外，还要针对德育工作的考核结果，对教师进行必要的奖惩，提高教师对德育工作的责任心。

做好大学生德育工作是高校贯彻"立德树人"这一教育理念的重要体现，也是大学深化办学内涵的重要途径，这项工作不仅有助于提升学生的品质，也有助于高校自身的高质量发展。高校应当充分认识到德育工作的价值，围绕客观形势的要求，不断加强探索和实践，持续提升高校的德育质量和效果。

第二节 杜威德育思想对高校德育工作的启示

约翰·杜威是美国著名的哲学家、教育家，是实用主义的集大成者，也是整个西方教育史上最具影响力的代表人物之一。他一生著作颇丰，大部分都直接或间接地涉及道德以及道德教育等方面的内容，其思想在教育界影响深远，目前流行的道德教育模式几乎都源于杜威的思想。我国的高校德育工作者要结合德育工作实际，合理借鉴杜威德育思想中的有益部分，从而为高校德育工作的理论研究和实践提供有益指导。

随着我国改革开放的不断深入，各种社会主体间的利益关系，人们的价值观念、生活方式等发生了巨大变化。新时代的大学生在思想观念、行为举止、人生态度等方面势必受到以上变化的深刻影响，这给高校德育工作带来了新的挑战。

一、杜威德育思想的主要内容

（一）道德教育的目的

杜威坚信教育是经验的生成和改造，其根本目的在于让受教育者有效、合理、快速地适应现实生活。杜威强调，道德探究的目的不是某种外在的善或固有的法则，成长是唯一的道德目的，是对我们的习惯进行不断完善、培养和提升的过程。他认为儿童是教育的起点和基础，学校教育的最终目的是使儿童顺利踏入成人社会。也就是说，学校是履行特殊职能的社会机构，目的在于提高社会成员的生活质量，最终使其服务于社会。学校属于介于儿童与成人社会间的桥梁，教育的根本目的在于引导儿童顺利飞跃"桥梁"，成为合格的社会公民。杜威认为，对社会有用的，就是道德的，社会的目的就是道德的目的。

（二）道德教育的内容

学校教育要符合社会发展需要，但部分教育者对此观念的理解较为狭隘，道德教育往往被理解为以公民训练为核心的教育。个体面对复杂的社会关系，对受教育者的教育往往被当作该个体所有社会关系中的一种或者作为其生活的全部，该做法以偏概全，非常容易导致教育的错位和不完整。在教育中，我们应该把儿童看作复杂社会中的一员，而非绝对的个体，并要求学校全面认识受教育者的各种关系，使其发挥作用。杜威提倡通过教学机构拥有的资料、手段对受教育者进行"道德观念"教育，不赞成对受教育者直接进行"关于道德的观念"教育。这一观点在《杜威教育论著选》中被表述为："使道德的目的在一切教学中，不论什么课题，都处于普遍和统治的地位。要是没有这个可能，一切教育的最终目的都是形成人格，大家熟悉的这句话，将是虚伪的装腔作势。"

（三）道德教育的方法

杜威认为道德教育应采用探究、商量和讨论的方法代替强制和灌输的方法，坚决反对用"填鸭式"的灌输方法把道德原则和方法强加给青年学生，他认为外部强制的禁止和通过个人本身反省和判断的禁止是互不相容的。强迫和灌输的方法不但会降低学生的道德水平和觉悟，而且会抑制学生思想道德素养的提升。杜威认为，受教育者道德素质和修养的提升是一个渐进性、创造性的过程，受教育者获得结论的思维过程远比获得结论更重要。杜威主张道德教育应充分发挥学生的主观能动性。道德教育要培养学生的学习兴趣，引导学生积极地探究相关问题，力求在探究问题的过程中开发受教育者的思维，并使其愉快地得出问题的结论。

此外，道德教育应寓于其他各门学科之中。杜威强调道德教育和其他学科密切相关。所有学科都蕴含着道德的成分，是道德教育顺利、有效开展的有力载体，道德教育的最终目的是教会学生用智慧、能力去解决问题。杜威在《德育原理》中写道："道德的目的是各科教学的共同的和首要的目的。"

二、杜威德育思想对高校德育工作的启示

高校德育工作者必须深刻把握国内外德育教育工作情况，跳出传统德育教育模式，创新工作格局，做到实事求是、与时俱进，努力做好大学生的德育教育工作。

（一）应充分发挥个体的主观能动性，激发个体的内在需要

任何行为均产生于个体的内在需要，如果忽视个体的内在需要，道德行为将失去意义。道德教育应优先考虑个体的内在动力，满足个体的内在需要。个体的内在需要是个体道德发展的基本保证。教育受众个体道德需要的产生是道德教育不断前进的内在动力，个体的实际需要是道德教育的主要动力。在道德教育中，德育工作者要善于挖掘个体的内因，培养个体积极的态度，充分考虑个体的心理需要，引导其接受社会道德要求。教育活动是教育主客体共同构建的过程。因此，道德教育要尊重学生的主体地位，培养学生的道德意识，即个体对道德价值、对个体与群体、单一物与普遍物统一的自我意识。提高对教师的要求，要求教师授课更具艺术性和人性化，尊重学生的权利和人格，实现主客体双向互动。

（二）要实现学校道德教育的生活化、社会化

学校德育应由直接的课堂讲授发展为间接的活动体验方式，道德学习

一定要结合实际，而不能仅学习理论知识。如果学生能从实际生活中感受、体验甚至掌握道德知识，相比教师停留于口头的单纯说教效果要好得多。教育工作者应让学生亲身体验某种场景或者角色，引起其思想和态度的积极改变，促进学生身心全面发展。高等学校德育工作者要有崇高的使命感和责任心，为受教育者的全面发展竭尽全力，让他们体验到实实在在的、发生在大家身边的真实场景。

（三）要建立学科渗透的德育教学模式

道德教育在学校教育中无所不在，培养受教育者的完整人格既是道德教育的目的，也是各学科共同的培育目标。道德教育绝对不能作为独立学科来讲授，将道德教育和其他学科人为分离，对道德教育十分有害。杜威坚持学校道德教育必须把学校生活、教学方法和学科教学这三种活动结合起来，对学生的道德教育应通过学校生活和各科训练来完成，无须开设专门的道德教育课程。德育教学任务不应只由政治课教师独立完成，德育教学是一项系统工程，需要全员参与，协调进取，单靠某一部分教师是无法完成的。在专业课和其他相关学科的教学过程中，授课教师应该因势利导，适时地对学生加以引导，力求做到德育教育无时不在、无处不在，全方位、多角度、纵横覆盖，让学生时刻感受到道德教育就在自己的身边，让其体会到道德的重要价值，身体力行，内化为个体的日常行为习惯。

（四）学校、家庭、社会要协同努力，为道德教育营造良好的环境

学校环境对学生有着潜移默化的影响。学校应重视校园文化建设，包括学风、校风、校园环境、特色景观等，同时需要对学生会、学生社团进行积极引导，鼓励学生通过参加活动提高自己的道德素养和情感体验。

作为孩子启蒙教师的父母对孩子的影响力是毋庸置疑的，其道德水平、文化知识、人生态度等都会对孩子产生潜移默化的影响。社会也是一所"大学"，所有社会成员都是学员，"社会大学"的人才培养方案、舆论导向、价值观念必须积极向上、蕴含正能量。学校与家庭、社会应该建立起协调一致的德育目标和价值标准，学校教师传授的内容即社会倡导并积极推行的内容，学校批判的内容同时也被家庭和社会所反对。只有学校教师的德育教学目标和社会实际情况、家庭教育相一致，德育教育才能形成合力，共同促进受教育者道德水平的提升。

第三节　"微时代"背景下的高校德育工作

全国高校思想政治工作会议强调，要运用新媒体新技术使工作活起来，推动思想政治工作的传统优势同信息技术高度融合，增强时代感和吸引力。近年来，科技进步日新月异，移动通信技术和新媒体技术不断发展，各种以"微"字命名的媒体、应用和平台相继问世，预示着"微时代"的到来。微信、微博等应用深刻地影响着大学生的行为方式和价值观念。占领高校德育的"微阵地"，给高校德育工作带来机遇的同时也带来了一定的挑战。高校德育工作者应抓住"微时代"的机遇，迎接"微时代"的挑战，与时俱进，不断推进高校德育工作顺利向前进行。

一、"微时代"的内涵及特征

（一）"微时代"的内涵

"微时代"是指以各种移动终端为媒介的"微媒体"对"微内容"进行

传播的时代。从"微时代"的产生基础来看，"微时代"是以各种科学技术发展为基础的。21世纪以来，数字化网络信息技术和新媒体技术不断变革，人们上网变得更加容易，各种软件层出不穷，网络终端也从笨重的台式计算机变为手机和平板电脑，无论是使用还是携带都变得更加便捷。从"微时代"的内容来看，它既包括微信、微博等社交应用，又包括知乎、百度贴吧等平台，还包括微公益、微旅行、微电影、快闪等活动。从"微时代"的参与者来说，每个应用的使用者、平台的交流者、活动的参与者都是"微用户"。在"微时代"，每位"微用户"都可以用简短、精练的语言发表自己的观点，讨论问题和事件。

（二）"微时代"的特征

由于"微时代"源于信息技术和新媒体技术的不断发展，其特征也逐渐具有信息时代性。

第一，信息传播具有即时性。比起以往的信息传播方式，它的传播速度更快、时效性更强。无论何时何地，"微用户"都可以在事件发生的第一时间将自己所看到的信息上传至应用端与其他用户分享，将自己的观点分享给更多人。由于一些平台对字数有限制，也促使传播者在传播过程中提高信息的"含金量"，提炼传播内容，提高信息传播的速度。这种信息传播的即时性打破了时间和空间的限制，拓展了传播的范围和领域。

第二，沟通的互动性。在"微时代"，信息传播不再是单向逐级的传播方式，而是全方位网状的几何传播方式，信息的传递程度不断加深。信息在网状结构中自由传播，每一个"微用户"都是信息网中的一个"节点"，既是信息的搜索者与接收者，又是信息的加工者和传播者。并且，人们可以通过搜索功能找到自己感兴趣的人或者公众平台进行关注，也可以通过微博、微信等应用接收好友的信息，表达自己的观点，发布自己感兴趣或者关注的话题，这就为用户之间架起了一座沟通互动的桥梁。

第三，传播内容的简洁性。"微时代"的传播内容短小、精练。当前互联网信息泛滥，海量的信息使人们丧失了对阅读的兴趣，找不到阅读的重点。相比之下，精练的文字、有趣的图片和短视频所传播的信息内容更容易满足大众的阅读需求，使人们在短时间内迅速找到自己感兴趣的内容，满足自身的求知欲。与此同时，"微时代"的信息传播效率高，内容更新速度快，可以使信息的接收者更快速地对信息进行接收和整理，提高工作效率。

二、"微时代"给高校德育工作带来的机遇

（一）"微时代"创新了高校德育工作的环境

"微时代"给高校德育工作提供了开放、平等、自由的沟通环境。

首先，"微时代"为高校德育工作提供了一个开放的平台。目前，高校官方微博和官方微信公众平台广泛建立，高校德育工作者可以通过微博、微信等平台接收学生发布的信息，通过这些信息，德育工作者可以更好地把握学生的思想动态，根据具体学生的具体问题对他们进行疏导。开放的环境使得德育工作可以随时随地开展，不再受时间和空间的限制。

其次，"微时代"为高校德育工作提供了相对平等的沟通环境。与面对面的师生交流相比，在线交流会减少师生之间的距离感，增加彼此之间的亲近感。平等的沟通环境也会缓解学生对德育工作者传授内容的排斥心理，使其更好地接受德育信息。

最后，"微时代"为高校德育工作提供了相对自由的环境。学生可以就某个现象发表自己的见解，表达自己的观点和看法。学生放下了心理戒备，

随时都可以利用网络对某一问题或具体社会现象做出最真实的评价，这也有利于帮助高校德育工作者把握学生的思想动态，了解学生的真实想法，从而更加有针对性地开展高校德育工作。

（二）"微时代"提供了及时、有效的预警系统

第一，"微时代"能够使高校及时、准确地了解学生的思想动态。随着校园网络的广泛普及，学生摆脱了时空的限制，可以随时随地畅游网络。一些校园网络平台备受欢迎，如校园论坛、考研帮、网易公开课、校园 QQ 群等，学生可以通过这些平台顺利查找到可用资源，也可以进行日常生活的交流，这些软件实用性强，贴近学生生活，能够及时、准确地反映出学生的思想动态。高校德育工作者应该及时、准确地掌握并利用好这些平台，从而更好地开展德育工作。

第二，"微时代"为高校德育工作提供了及时、有效的预警系统。通过对软件的利用，高校德育工作者可以及时掌握学生的思想动态，了解学生对校园建设的真实意见、对任课教师的真实看法、对某些问题的质疑等，从而对德育工作做出预警，防止一些偏激的言论和过激事件的产生。高校德育工作要适应"微时代"这一现实环境，让学生把校园媒体微平台当成提出问题、解决问题的渠道，引导学生树立正确的价值观念，使其健康、快乐地成长。

（三）"微时代"充实了高校德育工作的内容

第一，"微时代"为高校德育工作提供了更丰富的教育材料。"微时代"拓宽了高校德育工作的渠道，使得信息传播变得更加方便快捷，大量信息的涌入使高校德育内容变得更加丰富。传统高校德育工作内容过于陈旧、枯燥，过于强调理论教育的作用，没有很好地将理论教育与当前的社会热点相结合。"微时代"的新应用、新技术使一些社会热点问题能够及时为高校德育

工作者所掌握，从而将社会热点问题加入德育工作。与此同时，"微时代"也使得德育工作的教育材料不再局限于书本的文字，而更多地转向图片、视频、音频等对学生具有吸引力的新形式。

第二，新应用、新技术强化了高校德育工作内容的针对性。传统高校德育工作的内容都是固定的，而大学生的心理是不断变化的。随着时间的推移，部分陈旧内容已经不适合当前大学生的心理发展状况了，大学生只能被动接受灌输，其效果也可想而知。"微时代"改变了这一现状，德育工作者可以及时掌握学生的动态，推测学生的心理，从而及时、有效地发现问题。与传统"一对多"的教育方式相比，这种针对具体问题提出具体对策的教育方式，不仅可以及时解决学生思想行为存在的问题，同时也会大大提高高校德育工作的针对性。

三、"微时代"背景下高校德育工作面临的挑战

（一）"微时代"挑战高校德育工作者的主导地位

传统的高校德育工作主要以德育课程和德育工作者对学生的疏导为主，高校德育工作者作为知识传播主体，一直都在德育工作中发挥着主导作用。然而伴随着微时代的到来，信息的传播更加迅速，获取信息更加便捷，高校德育工作者丧失了原有的信息优势，打破了对信息资源的垄断，高校德育工作者的主导地位受到冲击。在这样的环境下，学生可以自主获取知识，微博、微信等平台会为每一个使用者平等地提供最新资讯，可以使学生随时随地接收最新信息，获得有利资源，教师上课传授的部分知识与学生自主学习的知识相重合，德育工作者的课堂教学不再是学生获得信息的主渠道。学生通过各种社交媒体获得个性化、多样化的信息，容易对传统的德育课堂产生厌

倦情绪，这会影响高校德育工作的效果，弱化德育工作者的主导地位。

（二）"微时代"挑战德育工作者的综合素质

现在网络上有大量良莠不齐的信息涌入大学生的视野，逐渐影响着大学生的思想观念和价值观念，冲击着德育工作的课堂效果，而多样化的媒体技术不断发展，也在一定程度上对德育工作者的综合素质提出了挑战。要想在德育工作方面取得良好的效果，高校德育工作者就要不断提高自身的媒介素养和驾驭新媒体的能力，不断提高自身的知识储备。高校德育工作者要不断适应信息时代德育工作的变化，更好地与学生"接轨"，从而提高工作的实效性。

（三）"微时代"挑战传统德育工作方法

长期以来，传统的高校德育工作都是通过德育工作者摆事实、讲道理、集中授课的方式来开展的。传统工作方式的突出特点是可控性强，德育工作者可以根据自己讲授的内容去寻找适当的材料和事例对学生进行信息传播，使学生的思想行为发生转变，但是"微时代"改变了这种状况。

一方面，传统的高校德育工作在方法上主要依靠德育工作者的说教，灌输给学生一些固定的思想，用整齐划一的标准来要求学生，这种重视共性而忽视个性的做法会让学生感觉缺少人文关怀，从而产生距离感。传统的德育工作只是一味地强调要让学生做什么，却很少联系社会的实际情况解释为什么要这样做。脱离现实、空谈理论的做法在高校德育工作中并不少见，其效果却并不理想。

另一方面，部分教师的思想观念落后，忽视了学生的主体地位。部分德育工作者还存在着"权威"的思想，把握不好与学生接触的尺度，认为接触太少会让学生产生距离感，接触太多又会影响自己的"权威"地位，因此影响了与学生的沟通互动，使许多德育工作的内容变得空洞，缺乏吸引力。长此以往，会使大学生的参与热情逐渐减弱，部分学生甚至会认为学校的一些德育活动只是"走形式"，使得德育工作难以取得良好的效果。

四、"微时代"背景下高校开展德育工作的对策

高校德育工作在引导大学生树立正确价值观念、培养大学生健全人格方面起到了重要的作用。"微时代"背景下，高校德育工作面临着机遇与挑战并存的局面。高校德育工作要想更好地发展，就应该牢牢抓住这些机遇，接受挑战，并针对出现的问题提出相应的对策。

（一）占领高校德育的"微阵地"

网络技术与高校德育工作的结合，拓宽了高校德育的环境。微博、微信等新兴媒体已经不单纯是休闲娱乐的工具，由于这些媒体具有独特优势，很多大学生把它们作为接受外来信息的主要渠道。高校德育工作应抓住这一机遇，变被动为主动，主动占领"微阵地"，让其为高校德育工作服务。

第一，在德育工作专栏中，德育工作者可以传播与大学生息息相关的时事政策、社会新闻，也可以传播当前的主流意识形态和学术界的新思想，积极占领高校德育"微阵地"。德育工作者要利用好校园网站、微博等平台，弘扬社会的主旋律，将德育内容渗透到学生喜爱的社交平台中，既能及时地了解学生的思想动态，又可以传播正确的价值观念和德育内容。

第二，要采取符合学生特点的工作方式，占领"微阵地"。可以采用专题讨论的方式，将德育工作与学生关注的热点事件相结合，使学生积极参与讨论，这样既给大学生提供了一个展现自我的平台，又可以让教师在讨论过程中帮他们纠正错误的思想，树立正确的价值观念。与传统的灌输式方法相

比，这种互动型的教育方式更容易被学生接受。教师也可以采用拍摄的方式，就当下讨论最热烈的话题，以学生自编自演的方式拍摄成微电影或微话剧，先由学生编写剧本，教师进行审核，审核通过后，挑选演员进行排练，最终进行展示。这样的活动不仅可以调动学生的积极性，还能让学生在参加活动、观看成果的同时受到教育，达到寓教于乐的效果，真正实现学生在教育中的主体地位。

（二）重视培养高素质的德育工作者

高校德育工作者的综合素质影响甚至决定着高校德育工作最终效果，因此，培育高素质的德育工作者在"微时代"显得尤为重要。首先，高校德育工作者应转变工作观念。"微时代"下高校德育工作者的思想观念上还存在着"权威"的思想，难以放低姿态，与学生进行平等的交流。"微时代"背景下，高校德育工作者要放低姿态，主动与学生进行交流，同时把握与学生沟通的尺度，既要与学生建立良好的沟通关系，又不能盲目地与学生"打成一片"。教育者不能忽视微博、微信等媒体的作用，不能将其当作学生的娱乐手段，相反，高校德育工作者要重视"微领域"，利用"微平台"，通过"微媒介"与学生建立良性的师生关系，更好地推进高校德育工作。

其次，高校德育工作者应该提高自身的媒介素养。高校德育工作者，一定要提高运用新媒体的能力，熟练地运用音频、视频、图片等素材，制作德育宣传资料，并把这些资料上传到应用平台与学生进行分享。与以往的德育资料相比，德育工作者的媒体宣传资料应更加具有针对性和趣味性，既能够调动学生的学习兴趣又能够针对学生在特定时期存在的思想动态进行引导。高校德育工作者还应该提高自己的网络信息素质，加强对论坛上一些过激言论的管理，为学生营造一个良好的交流环境。

最后，高校德育工作者还应该提高自己驾驭语言的能力。高校德育工作者对语言的驾驭能力间接地影响着德育工作的效果，德育工作者在工作中应该使用学生乐于接受的语言。在"微时代"背景下，德育工作者应注意把网络流行语恰当地运用到自己的工作中。一个幽默风趣的德育工作者，必然会凭借自身的魅力赢得学生的喜爱。

（三）高校德育工作应该尊重学生的主体地位

一方面，高校德育工作应该分层展开，更加重视学生的主体地位。在开展德育工作的过程中，要重视学生思想存在的问题，并针对具体问题对学生进行疏导，而不是把预先准备的教育内容灌输给学生。德育工作者可以通过在线发布心理测试以及平时的观察对学生的思想进行分层，针对不同思想层次的学生进行不同内容的引导。例如，有的学生需要爱国主义教育的引导、有的学生需要感恩教育的引导、有的学生需要乐观自信方面的引导等等，德育工作者可以通过应用平台把具体的德育内容分享给不同思想层次的学生。

另一方面，要注重培养学生的自律意识。他律约束人的行为，自律约束人的思想。"微时代"的匿名性使得许多人在网络上的言行变得肆无忌惮，而"微平台"上的一些错误信息会对大学生的思想造成一定冲击。

高校德育工作者在对大学生进行德育教育时，要重视激发学生的自律意识，增强其自律能力。德育工作者可以与学生分析一些德育资源以及社会热点问题，培养学生透过现象看本质的能力，提高学生对信息的辨别能力，让学生学会有选择地接收信息，自觉抵制不良信息，在没有他律的情况下也能做到"不信谣、不传谣、不造谣"。此外，高校德育工作者还要对大学生在微博、微信中发布的错误信息和表达出来的负面情绪进行及时纠正，帮助学生树立健全的人格。

第四节 高校德育工作中的"三个面向"

"三个面向"思想是邓小平理论的重要组成部分，是我国各级、各类学校进行思想政治教育必须长期坚持的指导思想和基本原则。这一思想对进一步增强高校德育工作的实效性、提高高校德育的时代价值、坚定高校德育的政治方向具有非常重要的意义。

1983 年 10 月，邓小平同志在为北京景山学校题词时，做出了"教育要面向现代化，面向世界，面向未来"的重要指示，根据我国改革开放和社会主义现代化建设事业的发展需要，为建设中国特色社会主义教育赋予了时代内容，指明了战略方向。高校德育作为社会主义高等教育的重要组成部分，在培养中国特色社会主义事业接班人方面起着重要作用。"三个面向"思想对高校德育工作具有重要的指导意义。高校是社会主义精神文明的"示范区"和"辐射源"，大学生作为社会主义社会的建设者和推动者，其精神风貌的优良与否直接关系到全面建成小康社会、实现中华民族伟大复兴的长远目标能否顺利实现。高校在培养人才的过程中必须遵循"三个面向"思想，努力提高高校德育工作的针对性和实效性。

一、面向现代化，要求高校德育工作自身必须现代化

高校是知识创新、传播和应用的主要基地，也是培育创新精神和创新人才的摇篮，无论在培养高素质的劳动者和专业人才方面，还是在提高创新能力和提供知识、技术创新成果以及增强民族凝聚力方面，高校教育都具有独特的重要意义。高等教育在整个教育体系中起着风向标的作用，高校德育在整个高等教育中又可以称为"灵魂"，它决定着大学生能否在学会生存、形

成创新意识的同时,真正学会做人、学会做事、学会接纳他人、学会融入社会。在不断发展的新形势下,高校德育作为培养新时代合格大学生的重中之重,迫切需要实现自身的现代化。

(一)树立现代化的德育理念

高校德育工作面对新形势和新任务,在许多方面还很不适应。一直以来,我国德育教育给学生灌输的是近乎教条式的"圣人教育",以理想化的德育标准来约束受教育者的行为,恰恰忽视了"人非圣贤,孰能无过"这一古训。这种过犹不及的教化标准最终造成了高校德育工作的效率低下。

高校德育作为高等教育的组成部分,其本质就是根据社会主义国家和人民的需要,有目的、有计划地把社会主义核心价值观转化为大学生个体的思想品质。现代化的高校德育理念要求广大高校德育工作者紧紧抓住社会主义高等教育的根本目的和发展规律,用海纳百川的态度,尊重个体差异,鼓励主体创造,帮助学生树立正确的世界观、人生观、价值观和道德观,为培养出理想远大、热爱祖国、追求真理、善于创新、视野开阔、胸怀宽广、德才兼备、知行统一、脚踏实地、顺应时代的中国特色社会主义事业的建设者和接班人而尽职尽责。

(二)德育内容要适应现代化建设

高校德育现代化,必须使代表先进文化的德育成果"三进(进教材、进课堂、进大学生的头脑)",应该对教材问题予以重视,教材要反映出现代科学文化的先进水平。作为向大学生传播做人道理和先进思想的重要载体,高校德育教材要及时吸纳国内外先进理论成果,结合中国高校的实际,适当加入大学生喜闻乐见、鲜活、生动的案例及德育活动指南,激发大学生的求知欲,培养大学生的道德感。德育课堂是高校对大学生进行道德教育的主渠道，但德育的内容不能仅限于课堂上教师的讲授。现代社会注重交流的双向性，注重在教育中突出学生的主体性以及教师的正面引导作用。我们既反对落伍的"填鸭式"教育，也坚决反对价值中立主义，决不放弃对大学生进行必要的道德教育和引导。

（三）坚持理论联系实际，实现高校德育和社会实践相结合

在对大学生进行道德教育的过程中，高校德育教师必须坚持理论联系实际，避免给大学生留下照本宣科、空洞无物、讲大道理的不良印象。高校应该尽量为大学生德育活动创造社会实践的机会，提供道德实践的平台，如校园、教职工宿舍、学生宿舍、教学楼等。大学生还要走出校园，多接触社会，从而提高自身的判断能力和择善能力。教师应该鼓励他们投身改革开放的一线，真切了解中国特色社会主义的内涵，深刻体会自身的历史使命感、责任感，增强道德感。高校也可以组织大学生利用课余时间或节假日开展丰富多彩的德育实践，如组织爱心社、青年志愿者服务队，开展慈善活动、社区服务、义务家教、精神文明共建等多层次、多形式的道德实践。通过一系列行之有效的道德实践，强化大学生的道德动机，增强道德观念，促进道德实践。

（四）高校德育教师要实现并保持自身现代化

高校德育教师应该率先树立终身学习理念，不断了解现代科学技术发展的前沿，掌握现代社会科学发展的脉搏，用科学技术知识丰富德育课堂。深入了解新时代，尤其是"00 后"学生的生活状态，适时结合大学生德育现状，有的放矢，积极探索，总结高校德育新机制、新方法。德育教师不仅要掌握德育专业知识，还要广泛涉猎其他知识领域，关注国内外时事政治；也需要了解与当代大学生联系密切的网络、新媒体、动画漫画、电子游戏等，

做到与时俱进。教师可以通过网络、QQ、BBS、短信、微信等平台与大学生及时交流，释疑解惑，拉近与大学生的心理距离。此外，教师还要加强自身的心理素养，掌握必要的现代心理科学知识，重视心理健康，以增加对负面影响的抵抗力。另外，教师还要能够在教学中适当使用多媒体设备和教学课件来辅助教学，使教案音、像、文并茂，增加对大学生的吸引力。

二、高校德育工作者要面向世界，吸收优秀文明成果

"三个面向"从世界出发，突出了改革开放之初我国教育迫切需要与国际接轨的发展特色，这就特别要求中国教育从过去封闭、传统的教学内容中超脱出来，大胆地从世界范围内吸收和借鉴人类社会的优秀文明成果，培养大批高层次人才。从教育观念来看，改革开放以前讲究教育数量和质量的传统观念已迅速被改革开放新的历史时期的现代化观念所代替。应试教育向素质教育转轨换型已势在必行，而德育正是素质教育优于应试教育的最显著的一个特点。

当前，我国正处于一个重要的转折时期，改革开放的不断深入不可避免地带来多种观念的撞击，各种传统利益群体不断整合。同时，世界格局正朝政治多极化、经济全球化、文化多元化方向演进。

当前的大环境迫切需要高校德育工作者进行更全面、更细致的育人工作。高校德育工作者作为塑造美丽心灵的"灵魂工程师"，在引导大学生正确看待日益开放的、多元的世界，教育他们树立远大理想，养成良好道德修养等方面起着不可替代的重要作用。

事实上，改革使中国摈弃了许多旧的思想观念，改变了旧的、不合时宜的制度，使大学生体会到改革的重要性；开放使中国学习了许多先进思想和

管理经验，引进了先进技术、设备乃至人才，使大学生开阔了眼界。但是，由于实行改革开放和发展社会主义市场经济，我国的社会经济成分、组织形式、就业方式、利益关系和分配方式日益多样化。大学生的社会阅历尚浅，这使得他们在观察和分析问题时，往往以偏概全，缺乏对不断变化发展着的中国现代社会生活的整体判断。现实中，一些大学生缺乏对社会的敏锐观察力和判断力、对逆境的意志力和承受力，更缺乏关心他人、社会和人类的人文精神。作为德育工作者要大胆突破旧思维的条条框框，吸纳德育研究的最新成果并活学活用，努力提升德育活动的吸引力，加强针对性，增强实效性。

在新时代，面向世界的德育质量观主要看其有无创新能力和吐故纳新的知识水平，能否适应知识信息时代的要求，培养出德才兼备的、具有人文情怀的人才。因此，高校德育工作者必须凭借自身面向世界的开阔的视野和丰富的工作经验，来帮助年轻的大学生辩证地分析心中的疑惑，引导他们认识到时代的主流是代表先进方向的、是生机勃勃的，从而坚定信念，自觉追求自我完善。但是，道德教育和引导必须是一以贯之的，特别在这个社会转型期，德育的内容和方式要适应社会变化的需要。

三、面向未来，要求高校德育工作要有超前意识

为了确保人才的可持续利用，邓小平理论强调教育要"面向未来"，始终坚持用唯物史观来观察社会的运动和变化。党的十一届三中全会公报指出："实现四个现代化，要求大幅度地提高生产力，也就必然要求多方面地改变同生产力发展不适应的生产关系和上层建筑，改变一切不适应的管理方式、活动方式和思维方式。"世界在不断地发展、变化着，未来充满许多不确定因素。高校德育工作者要充分估计到未来社会、经济、科学技术的发

展变化对高校德育工作的挑战。现代和未来社会的发展需要我们大规模地发展教育事业，输送大批的合格人才。而作为人才，首先必须是一个合格的公民，必须遵守一个社会、一个国家的法律和最起码的道德准则。

高质量的人才资源，需要德育工作者以海纳百川的胸襟和面向未来的眼光，用与时俱进的德育内容和德育手段，促进人才良好道德的养成，从而保证人才培养的思想方向。德育工作者要认识到，今后许多工作要在高校后勤基本社会化的情形下开展，如在校大学生符合条件可以结婚等新规定也将给德育工作带来新的挑战。这些已经出现或即将出现的问题都要求我们的德育工作者解放思想，实事求是，不囿于旧的教学模式，倾注人本意识来妥善处理。

高校德育工作者还应当具备忧患意识，即居安思危的一种清醒心理状态。保有忧患意识是具有长远目光的一种体现，这是迎接高校德育战线各种挑战的心理准备，也是战胜挑战的心理前提。忧患意识还包括对以往工作的反思。事实上，目前仍有一些高校过于重智育而对德育问题不够重视。要保证高校德育工作的可持续发展，我们要敢于不断反省德育工作曾经的不足与当前存在的问题，要正视高校德育所面临的问题。面向未来，高校必须妥善解决德育工作者的"动力源"问题，高校必须在德育人才的梯队培养、进修、学科建设、经济待遇等方面予以政策支持，进而增加德育工作的吸引力，稳定德育队伍。高校只有把重视德育工作落实到具体行动上，持之以恒，才能避免"一阵风"式的形式主义。

综上所述，高校德育要培养合格的、德才兼备的大学生，切实为全面建成小康社会和中国特色社会主义提供精神动力支持，就必须实实在在地将"三个面向"思想与中国高校改革发展的实际、当代大学生的实际相结合。

第五节　应用社交媒体的高校德育工作

互联网技术的不断成熟使得各种类型的社交媒体已然成为大学生群体不可或缺的"生活必需品"，其传播主体平等化、传播速度即时化、传播过程交互化和信息服务个性化的特点为高校德育工作带来机遇的同时，也带来了一些挑战。

当代大学生依靠各种新闻客户端获取最新资讯、借助知乎平台获取专业知识、通过微信与家人保持联络、利用 QQ 聊天交友、使用微博休闲娱乐等，如今的各类社交媒体平台才是大学生群体在网络空间中最为重要的聚集地。德育工作是高校思想政治工作的重要组成部分，大学生关注哪里，高校德育工作就要向哪里延伸，各大高校必须着力提升基于社交媒体的德育工作的针对性和有效性。

一、社交媒体的传播特点

社交媒体是基于用户关系的内容生产与交换平台。具体来说，所谓的"社交媒体"实际上就是一种网络媒体平台，在这一平台上，用户可以用文本、图像、音乐和视频等多种信息格式自由地进行内容创作，并且不同的用户之间还可以基于一定的人际关系展开针对相关内容的分享、转发、评论等互动。社交媒体与报纸、杂志、电视、广播等传统大众媒体和大型综合门户网站这样的传统网络媒体最根本的区别在于，社交媒体的用户享有更多的信息选择和编辑的权利，并且可以根据自己的兴趣爱好在这些平台上自行集结成某种社群。社交媒体的出现，使大量用户逐渐远离传统大众媒体和传统网络媒体，转而在社交媒体上再聚集。另外，社交媒体还具备有别于以往任何媒体的四个特点：

（一）传播主体的平等化

在社交媒体之前的任何媒体，其信息的发布必须经过专业记者、编辑、媒体管理层的层层"把关"，而广大用户实际上都处于信息流的终端，只能被动地接收信息，很少有机会能够主动发声。因此，整个社会信息流呈现"瀑布式"自上而下的流动形态，信息的传播者与接受者分居瀑布的上下游，身份界限非常明显，并且难以逾越。然而，社交媒体的出现则将信息流动形态由"瀑布式"变为"网络化"。在网络化的社会信息流中，每个用户都只是这个网络中的一个节点，可以作为独立的传播主体，自由地对信息进行生产、加工和传播，同时，也可以选择接收自己感兴趣的信息、屏蔽自己不感兴趣的信息。在这张由社交媒体编织的信息网络中，没有绝对的传播中心，原来的传播者与接受者之间的身份界限被打破，人人都有"麦克风"，不同传播主体的地位完全平等。

（二）传播速度的即时化

不论是传统大众媒体还是传统网络媒体，其信息传递的速度与社交媒体相比都是较为缓慢的。以报纸为例，今天出版的报纸实际上刊发的是昨天的信息。即便是以门户网站为代表的传统网络媒体，也大多是传统大众媒体经网络技术简单处理之后形成的网络版本，虽然在一定程度上打破了信息传播的时空限制，但是其信息传播速度仍相对缓慢和滞后。社交媒体使社会信息的传播速度极大地提升了，达到了"即时化"的水平。在社交媒体上，社会信息流沿着人们的虚拟社交关系网络流动，借助"转发"功能，形成了独特的"病毒式"的裂变传播方式。信息一经发布，每经过一个网络节点就会产生一次裂变，因此，在极短的时间之内，信息的接受者和传播者的数量都呈指数级增长，信息传播的范围和效率都得到了极大的提高。一条热门微博能够在几分钟、几小时之内被转发数万次、甚至数十万次、数百万次，这就是对社交媒体信息传播即时化的鲜明写照。

（三）传播过程的交互化

在社交媒体出现之前，尽管也存在"读者来信""观众来电""网友留言"等用户向媒体进行信息反馈的方式，但这些方式大多存在范围狭窄、反应迟滞、操作不便等诸多弊端，换言之，传统大众媒体和传统网络媒体上的信息几乎都是由媒体向用户的单向度传播。然而，在社交媒体中，一切信息的接收者同时也可以成为信息的传播者，一切信息的"消费者"同时也是信息的"生产者"。任何社交媒体用户在接收信息的同时，既可以迅速向信息的传播者发出反馈信息，又可以将接收的信息加以编辑、评论之后向其他用户转发，还可以围绕接收的信息与其他用户展开交流讨论，这三种操作几乎可以同步完成。在短短几秒之内，用户可以实现信息的"生产者""传播者"与"接收者"身份的随意切换，信息的传播在不同用户之间真正实现了全时空的自由交互。

（四）信息服务的个性化

传统大众媒体和传统网络媒体的点对面的信息传播方式虽然在短时间迅速凝聚社会大众思想、进行特殊时期的社会动员方面具有独特优势，但是这种粗放的、盲目的信息传播却无法有效满足广大用户日益增长的多元化、个性化的信息需求。有针对性地为每位用户提供"私人定制"的信息服务，恰恰是社交媒体的优势所在。一方面，不同用户可以根据自己的需要，通过设置某些类似于"体育""军事""股票""明星"的主题词的方式，自由地利用社交媒体"订阅"或者"关注"与上述主题词紧密相关的信息资讯；

另一方面，社交媒体也会利用大数据、分发算法等技术来搜集和分析每一名用户浏览信息过程中的种种行为，从而掌握该用户浏览信息的偏好和习惯，进而主动地向该用户推送其可能感兴趣的信息。并且，随着这个过程的反复进行，社交媒体对每名用户的偏好和习惯的掌握越发精确，提供的信息服务也更具针对性和个性化。

二、社交媒体给高校德育工作带来的机遇

被誉为西方传播学"四大先驱"之一的美国政治学家哈罗德·拉斯韦尔在《社会传播的结构与功能》一书中提出，任何传播过程都是由传播主体、传播内容、传播渠道、传播对象、传播效果这五大要素构成的。从这个角度看，高校德育工作实际上就是将正确的思想道德观念和行为规范从高校德育工作者向大学生群体进行传播的过程。由于社交媒体较之传统大众媒体和传统网络媒体，具备传播主体平等化、传播速度即时化、传播过程交互化和信息服务个性化这四大传播优势，因而也就使高校德育工作更加具有针对性和有效性。

（一）有利于壮大高校德育工作者的队伍

尽管一直强调要尊重和发挥大学生群体在高校德育工作中的主体性作用，要联合学校、社会机构和学生家庭的力量共同育人，但是在实际工作的开展过程中，高校教师和辅导员依然是绝对主力，大学生群体、社会机构和学生家庭的实际作用发挥依然不够明显。社交媒体具备获取信息高速便捷、交互沟通自由平等的特点，倘若能实现高校德育工作与社交媒体的有机融合，则既能有效提升教师和辅导员开展德育工作的针对性和有效性，更能调动大学生群体主动参与高校德育工作的热情与积极性，同时还能实现与社

会机构和学生家庭的有效联动，充分释放学校、社会机构和学生家庭联合育人的强大功效。

从教师和辅导员的角度看，社交媒体高速、便捷的信息获取方式使他们能够掌握海量、优质的教育资源，同时，他们还能通过微信、QQ、微博等渠道及时准确地掌握大学生群体的思想和心理动态，从而极大地增强了德育工作的针对性。从大学生群体自身的角度来看，他们可以凭借虚拟身份在社交媒体上真实地表达自己的思想观点，在与教师、辅导员和其他社交好友交流互动的过程中实现自我教育和相互教育，从而真正发挥大学生群体在高校德育工作中的主体性作用。从社会机构和学生家庭的角度来看，社交媒体可以使学生家长和社会机构更为直接地参与到高校德育工作中，一方面能够为高校开展德育工作提供更多合理化建议，促进德育工作效果的提升；另一方面能够与高校德育工作"无缝对接"，从而避免出现大学生群体在校园内与在家庭和社会机构中所受的思想道德教育相互对立、甚至相互抵消的局面。

（二）有利于丰富高校德育教育的资源

传统高校德育的教育资源主要还是来源于教材课本。即便在互联网普及之后，许多高校也相继建立了专门的德育网站，但其中的内容大多是从教材课本上的原样复制加上部分图文声像资料的简单补充，不论是信息的绝对数量、表现形式还是用户使用的自由度与愉悦度上都既难以满足高校德育工作者的教育教学需要，也难以满足大学生群体多元化、个性化的使用需求。社交媒体的广泛运用则为高校赋予了更多可供便捷使用的优质德育资源。社交媒体所承载的德育资源覆盖面极其广泛，既有马克思主义经典著作，又有我们党和国家领导人的文章选集，还有涉及我们党和国家方针政策的各类信息以及与大学生群体学习和生活紧密相关的政治、经济、文化、教育、科技、娱乐等方面的信息资源，能够极大程度地满足德育工作者和大学生群体共同的信息需求。社交媒体上的信息资源能够以文字、图片、音频、视频等各种形式呈现出来，同时还可以通过超链接的方式，将所有相关的信息资源联系起来，既符合当前社交媒体用户碎片化阅读的使用习惯，又能够极大程度地满足用户的视听感受，提升了用户吸收和消化信息的效率。

社交媒体的"用户原创内容"的信息生产方式，使得高校德育资源不再囿于传统的教材课本和专业机构发布的相关信息，而是可以汇集更多来自大学生群体的真实心声，这些内容尽管不够权威，但更"接地气"，更能体现大学生群体的现实特点，也更符合大学生群体的学习和生活的实际状况，因而也更具吸引力和感染力。

（三）有利于拓展高校德育工作的方法

当前，较为严肃的思想政治理论的课堂教学依然是各大高校德育工作最普遍最常用的方法。这种被称为"填鸭式"的教育方法因其形式的单一、渠道的单向、内容的枯燥不仅为大学生群体所排斥，就连教师本身的授课热情也日渐丧失。即便是有些教师能够主动借助网络，也仅限于在查找资料、教案编写和课件制作这些较为浅显的层次进行运用。从目前一些高校基于网络平台创新德育工作的成功实践来看，运用社交媒体不断丰富和拓展德育工作方法，不失为一种有效举措。思想政治理论课教师一方面可以以社交媒体平台为依托，经常关注大学生群体的思想和心理动态，通过与大学生群体在社交媒体平台上展开自由平等的沟通交流，为思想政治理论课的教学寻找现实素材，帮助大学生群体掌握用理论指导和解决自身现实问题的能力；另一方面可以借助"弹幕""直播"等社交媒体技术，使身处课堂内和教室外的学生能同步参与到思想政治理论课的课堂教学讨论中，既能充分活跃课堂氛围，又能有效激发大学生群体自我教育和相互教育的热情与积极性。高校德育工作者可以根据大学生群体在社交媒体平台上社群化聚集的现象，有区别、有针对性地设置交流话题，引导同一学生群体内部或不同学生群体之间展开互动讨论，并且进一步把线上的交流活动延伸到线下，适时组织大学生群体开展社会实践活动，让大学生群体在"知"与"行"的融合过程中不断提升思想道德品质、深化思想道德觉悟。

三、社交媒体给高校德育工作带来的挑战

任何事物都有两面性，科学技术在推动人类社会发展进步的同时，也同样带来了环境污染、伦理道德失范、个人隐私泄露等诸多问题。同理，在牢牢把握社交媒体给高校德育工作带来的广阔机遇的同时，也要高度重视其可能造成的负面影响。

（一）高校德育工作者的权威地位开始动摇

在传统高校德育工作中，教师和辅导员往往能够对包括德育工作的目标设置、过程实施、效果调控等重要环节施以决定性的影响力。这是由于他们的学识、能力、人生阅历等足够丰富，更关键的还在于他们与大学生群体相比，处于社会信息流的上游，因而在对信息数量和时效性的掌握上具备天然优势。但是，社交媒体的出现则开始逐步动摇教师和辅导员的权威地位。

在社交媒体环境下，社会信息流动形态从"瀑布式"变成了扁平化和网络化的形式，没有绝对的传播中心，信息的传播者和接收者的身份界限被彻底打破，加之绝大部分学生掌握和使用社交媒体的熟练程度要远远超过高校教师和辅导员，因此，大学生群体不必再依靠教师和辅导员这一"信息中

介"，而是可以借助社交媒体搜寻自己所需要的信息。当教师和辅导员原本拥有的信息不对称优势逐步瓦解的时候，其权威地位就可能丧失。

（二）大学生群体易受社交媒体影响

大学生群体正处于特殊的生理和心理阶段，他们的世界观、人生观和价值观尚未定型，缺乏足够的自控力和准确的判断力，因而极易受到他人思想观念和言行举止的影响。恰在此时，社交媒体涌入了他们的学习生活，并且几乎占据了他们绝大多数的时间。许多大学生在享受社交媒体给他们带来的学习与生活的便利、愉悦的同时，不知不觉地深陷其中，难以自拔，逐渐变成了被社交媒体"奴役"的"低头族"。大学生群体本就处于具有高度好奇心和追求自由欲望的年龄阶段，再加上他们在进入高校前大多经历了被严格管束的苦读阶段，因此，进入高校后他们既脱离了原来的严格管束，又拥有了一定的能力可支付上网费，自然难以抵御五彩斑斓的社交媒体世界的诱惑。一方面，学生容易被不良信息迷惑。社交媒体所承载的海量信息良莠不齐，本就缺乏自控力和判断力的大学生很难准确判别网络上的各类信息。另一方面，学生容易依赖和沉迷虚幻世界。社交媒体提供的便捷的信息搜索方式、丰富的娱乐休闲活动、多样的聊天交友工具，使得大学生群体几乎与社交媒体须臾不离，久而久之，他们在学习时就习惯性地依赖手机和电脑来寻找答案而不愿意自己深入思考；他们在生活中不愿走出去参加社会活动而只喜欢"蜗居"于室内，沉迷在虚拟的网络世界里自娱自乐；他们可以在网络上与陌生人聊得兴高采烈，但进入现实场景后却又会产生社交恐慌和社交障碍，不知应当如何与他人相处。这些都对大学生群体的身心健康发展造成了不良影响。

（三）负面舆论环境抵消德育效果

大众传播对人的思想品德的影响主要是通过其形成的舆论环境来达到的。以往，高校可以通过在校内局域网和外界互联网之间设置技术关口，对互联网上的一些不良信息进行过滤屏蔽，从而营造一个良好的校园网络舆论环境。如今，社交媒体上纷繁复杂的舆论环境将直接影响到高校德育工作的效果。社交媒体带来的网络话语平权使得人人都可以在网络空间中自由发声，但是，由于当前关于"实名制上网"的政策法规制定和执行还不够完善和严格，因此，在社交媒体平台上依然存在着大量负面信息。比如，一些网络公众人物利用其所谓的"影响力"，散布不当言论，妄图挑动广大人民群众对党和政府的不满情绪，妄图颠覆马克思主义在我国社会中的指导思想地位。再比如，一些媒体机构任由一些低俗、媚俗、恶俗的娱乐信息在其平台上传播，试图通过色情、暴力、游戏等内容来吸引用户，进而实现其商业利益。这些信息在社交媒体平台上经过一系列的裂变传播，往往会"发酵"成种种负面舆论环境，而这种环境对涉世未深的大学生群体来说却具有极强的煽动性和诱惑性，处于思想观念和价值取向尚未定型的大学生群体极易深陷这种负面舆论环境。

四、基于社交媒体，创新高校德育工作

社交媒体的广泛运用既深刻影响着大学生群体的学习生活习惯、思想道德观念和行为方式，同时也给高校德育工作的创新带来了机遇和挑战。各大高校应当顺应社交媒体蓬勃发展的大趋势，以基于社交媒体转变德育理念、拓展德育方法、健全管理制度以及提高师生的媒介素养四个方面为突破口，综合施策、合力并举，促进高校德育工作效果的有效提升。

（一）转变德育工作的理念

从古今中外大大小小改革的经验中不难发现，"硬件"的改革推行容易、见效明显，但"软件"的改革往往需要耗费很长的时间，这里的"软件"，主要就是指人的思维理念。当前各大高校几乎都在一些主要社交媒体平台上开通了官方账号，各种班级、学生团体和学校教学、科研和管理机构的社交媒体账号也纷纷登台。尽管一些教师和辅导员也开始借助微信、微博、知乎、豆瓣等社交媒体尝试着通过分享学习资料、组织交流讨论等方式来对大学生群体实施思想道德教育，但是传统的"我讲你听、我打你通"的教育理念依然在他们的脑海中根深蒂固。社交媒体最鲜明的特点之一便是传播主体的平等化，也就是说，社交媒体平台上的每一名用户，其身份地位都是平等的，没有绝对的权威，也没有严格的上下级关系。在这种理念的深刻影响下，如今的大学生群体追求平等的意识越发强烈，他们内心深处对"被传播""被教育"的身份处境非常排斥。

因此，高校德育工作者必须紧跟时代发展脚步，充分了解和掌握社交媒体技术及其蕴藏的设计思想，改变原来带有明显不平等色彩的德育理念，转而将大学生视为一个需要与之平等对话交流的群体，并在对话交流的过程中向其传递正确的思想道德观念和行为规范。具体来说，一是要在思想上"真"转变。高校德育工作者要在思想上切实摒弃"学生就应当老老实实地接受教育"的传统理念，转而承认且尊重大学生群体在德育工作中的主体地位，切实将大学生群体与自己都视为德育工作的主体，双方地位平等，拥有相同的话语权。德育工作者应当借助社交媒体鼓励大学生群体表达内心真实想法和诉求，并在此基础上与之进行平等的交流沟通，充分彰显德育工作的人文关怀精神。二是要在行动上"真"体现。高校德育工作者要在把握正确价值观导向的基础上，真正让大学生群体在德育工作中担当大任，要鼓励大学生群体在思想政治课的课堂上"唱主角"，大力支持学生团体组织开展线上、网下的德育活动，真正让大学生群体感受到自己在德育工作中不是机械的"被教育者"，而是肩负重大责任的、能够发挥重大影响的"教育者"本身。

（二）拓展德育工作的方法

以课堂教学为主要方法的传统高校德育工作之所以吸引力不足，根本原因在于其单向的灌输意味较重而缺乏深层次的互动体验。尽管也有很多高校在德育工作中引入了网络元素，但也只是在一定程度上丰富了原本单向灌输的种类和趣味性，并未在深层次互动体验这一层面对德育工作的方法有实质性的拓展。社交媒体之所以冠以"社交"二字，是因为用户之间需要依托一定的人际关系在网络空间中进行充分的交流互动，而这正是社交媒体的本质特征。因此，拓展高校德育工作方法，一定要在如何实现并且深化德育工作者与大学生之间的互动体验上下功夫。

一是让互动体验贯穿思想政治课堂教学全过程。思想政治理论课教师在课堂教学的准备阶段要借助社交媒体开展思想调查，在经常关注学生发布的最新动态和与学生的交流对话过程中寻找他们关注的热点话题、内心的真实诉求和担忧的现实困惑，并以此作为课堂教学的设计出发点。在课堂教学的实施阶段，利用多种社交媒体技术充分活跃课堂氛围的同时，也让课堂教学突破时空条件的束缚，使更多身处教室之外的大学生也能够感受甚至实时参与到教学现场的交流讨论当中。在课堂教学的课后反馈阶段，要利用社交媒体倾听学生的真实体验和评价，积极吸取学生提出的意见建议，并有针对性地进行调整和完善。

二是让互动体验贯穿到为大学生提供的信息服务中。在日常信息服务上，高校不能仅把官方社交媒体平台视为单纯的信息发布窗口，更要充分重视在这些平台上与大学生展开交流互动，尽可能做到"学生有留言，学校有反馈"。并且，在交流互动的过程中要注意对大学生进行思想道德、价值观念、行为方式上的引导，让大学生在接受个性化的信息服务的过程中潜移默化地接受思想道德教育。

三是要让互动体验贯穿到校园文化活动中。高校应当积极实现社交媒体与校园文化活动的有机结合，一方面可以依托社交媒体平台组织校园微电影展评、感动校园人物评选、校园智能应用创意设计等线上活动；另一方面，可以借助大学生群体在社交媒体上的聚集现象，组织针对不同大学生群体的线下活动。比如，依靠社交媒体聚合校园音乐发烧友，进而向线下延伸，举办校园音乐会；依靠社交媒体聚合喜爱体育运动的大学生，进而让他们来筹划组织校园运动会等。大学生群体通过参与这些校园文化活动，不仅锻炼了个人能力素质，更能促进其思想道德的养成。

（三）健全管理制度

社交媒体的出现为高校德育工作的创新提供了思维理念上的启迪和技术平台上的支持，很多高校已经开始了基于社交媒体开展德育工作的探索，在取得有益经验的同时，也遇到了诸如平台管理滞后、工作机制缺失、责任边界模糊、相关保障缺位等问题。高校开展基于社交媒体的德育工作不能是一种短期跟风和"炒概念"的行为，不能认为开通了几个社交媒体账号、发布了几条信息咨询、开展了几次新闻报道就算完成任务，而是要通过健全完善相关管理制度，从机制上确保高校德育工作与社交媒体的深度融合，既要把社交媒体纳入高校德育工作的涵盖范围，又要让社交媒体成为提升高校德育工作效果的"利器"。

　　健全管理制度，一是要健全组织领导架构。高校应当成立一个领导小组，由一名校领导任组长，以宣传部门、保卫部门、学校信息中心、思想政治理论教研室、学校团委和学生会等部门负责人为组员，负责高校在社交媒体环境下开展德育工作的统筹规划、工作指导、技术研究和相关资源的协调保障。二是要健全运行机制。各大高校应当逐步完善基于社交媒体的德育工作运行机制，要根据自身实际情况设计一套完整的制度规范，其中必须对如何基于社交媒体进行大学生群体的思想调查、如何设计德育工作实施方案、如何开展相关的教育教学实践活动、学校师生使用社交媒体需要遵守的纪律以及相关的人员、资金和技术保障等问题进行详细说明，并且清楚划定各部门的责任边界和相关责任人的岗位职责，确保高校德育工作的顺畅、高效。三是要健全评估反馈机制。针对社交媒体的用户数据采集、舆情热度分析、言论倾向评价等技术为解决德育工作效果评估和反馈难以量化考察的问题提供了更多参考性。

　　因此，高校应当借助这些社交媒体技术，建立较为系统的评价指标，让德育工作者和大学生群体都能参与到对相关教育教学活动的"复盘"和评估过程中，并及时反馈评估结果，为进一步改进德育工作方式方法、增强德育效果提供更为直接且更具说服力的参考依据。

（四）提高媒介素养

　　所谓媒介素养，指的是人们面对不同媒体中的各种信息所表现出的信息选择能力、质疑能力、理解能力、评估能力、创造和生产能力以及思辨的反应能力。提高媒介素养是为了促使用户成为积极善用媒体、制造媒体产品、对无所不在的信息有主体意识和独立思考的优质公民。当前，社交媒体已经全面融入人们日常生活的方方面面，而高校师生恰恰又是社交媒体的主要用户群体，因此，高校应当充分发挥其在教育教学、科学研究、理论探索和技术研发等方面的优势，着力提高师生群体的媒介素养，这也是基于社交媒体创新高校德育工作的重要前提。要提高媒介素养，一是要提高大学生群体的媒介素养。大学生群体媒介素养的高低，将对社交媒体环境下高校德育工作效果起到至关重要的影响。因此，各大高校应当增设介绍社交媒体知识的相关课程，还可以通过举办专题讲座、学术报告、社团活动、参观研讨等活动向大学生群体普及社交媒体的理论知识和操作技能，同时培养大学生的媒体批判意识以及健康、理性、合法地使用社交媒体的能力。二是要提高教师群体的媒介素养。包括德育工作者在内的整个高校教师群体是否具备良好的媒介素养，不仅关系到自身教学科研水平的提升，更将直接影响高校德育工作的开展。如果广大教师群体既不会使用社交媒体与学生进行交流对话，更对社交媒体上的舆论热点、时事动态一无所知，势必导致"教师说的学生不爱听、学生说的教师听不懂"，久而久之，师生之间的心理隔阂便会越来越深。因此，高校一方面应当采取理论辅导、操作培训、邀请校外专家学者和媒体机构进行研讨交流等方式帮助高校教师提升媒介素养；另一方面要把社交媒体运用技能纳入教师特别是年轻教师的业绩考核和职称评定中，通过一定的激励手段，促使广大教师群体更加自觉地学习社交媒体，使用社交媒体。

如今，人们在享受社交媒体带来的工具便捷性时，切不可忽视由其造成的媒体环境及这种环境对人们思想道德观念和行为方式的深刻影响。大学生是国家和民族的希望，是最有可能成长为社会栋梁的一个特殊群体，其思想品德、价值取向和行为方式是否端正，不仅决定了一代人的成长轨迹及命运变迁，更会深刻影响整个国家和民族的前途命运。

高校作为培养大学生的主阵地不应当也不可能逆潮流而动，而是应该充分把握机遇、迎接挑战，在掌握社交媒体技术及其蕴含理念的基础上，为德育工作插上社交媒体技术的"翅膀"，不断提升高校德育工作的针对性和有效性，为社会培养更多有理想、有追求、有担当、有作为、有品质、有修养的新时代大学生。

第六节　互联网时代高校德育工作的路径

一、互联网对高校德育工作的正面效应

（一）增强高校学生的社会责任意识

互联网具有信息传播快、信息储量大、不受时空限制等诸多优势，为高校学生提供了参与社会生活的重要平台和阵地。高校是建设社会主义精神文明的"辐射源"，而高校学生作为一个文化素质较高的群体，能够更加科学、全面地看待问题，且拥有参与社会政治文化生活的热情与欲望。高校学生在网络空间中踊跃发言，关心国家大事，为社会正义大声疾呼。伴随着"互联网政务"的兴起、舆论监督体系的健全，越来越多的高校学生在互联网中对社会公共话题展开热烈讨论，并依托互联网的信息渠道形成合力，为国家进言献策、为弱势群体声援，无形之中增强了高校学生的社会责任感。

（二）丰富高校学生的精神世界

互联网的海量信息为高校开展学生德育工作提供了取之不竭的教育资

源。对比传统媒体来看，互联网具有互动性、多媒体性、及时性等特征，对高校学生产生巨大的吸引力，能充分调动高校学生接触新事物、获取新知识的积极性。在知识经济时代，"两耳不闻窗外事，一心只读圣贤书"已经难以满足社会和自我发展的需求。通过互联网，高校学生能够了解时事政治、经济态势和文化发展，在掌握最新知识和技术的同时，也能够根据自身的喜好阅读书籍、观看电影。广泛涉猎不同类型的信息，能够帮助高校学生丰富精神世界、开拓自身视野、增长见识。互联网中所涌现的先进人物、高尚事迹，使高校学生潜移默化地受到熏陶，有益于提升其道德品质、加强自我约束意识。

（三）提高高校学生的人际交往能力

良好的人际关系，是高校学生健康成长、终生发展的基础条件和重要内容，也是其实现社会化转变的必要前提。互联网及其衍生产品的出现，是对当代人类社会交往模式的重大更新与改革。高校学生作为网民的生力军，在积极主动地使用即时聊天工具、社交网站等维系友谊、结识志趣相投的朋友、与亲人沟通的同时，既拓展了人际交往范围，也培养了与人沟通的能力。

二、互联网给高校德育工作带来的挑战

（一）不良互联网文化侵蚀高校学生的思想

互联网中的信息良莠不齐，是一个庞大的文化"大熔炉"。高校学生涉世未深，缺乏自控能力和辨识力，容易受到不良文化的侵蚀和荼毒。劣质的网络小说、"恶搞"无下限的综艺节目、腐朽的拜金思想充斥其间，诱惑高校学生去试探法律和道德的界限。

（二）互联网监督缺位，"虚拟"打破"自控"

互联网本身具有虚拟性，且当前的监督管理体系并不完善。由于互联网环境较为宽松，高校学生的自律意识容易被削弱，可能会发表一些不当言论，例如，煽动消极社会情绪，受他人唆使参与网络暴力，罔顾法律对其他合法公民进行"人肉搜索"等，甚至触犯法律。

（三）沉迷网络阻碍高校学生个体社会化的进程

个体社会化与现代生活中的人际交往密切相关。一旦个体脱离社会群体，就难以实现真正的社会化。在互联网时代，虚拟的世界更容易让人感到满足，在视觉感官的饕餮盛宴中成瘾，令网络成为一些人排解情感、安放精神世界的"乐土"。当前，相当一部分高校学生沉迷网络游戏、聊天交友，拒绝客观事实，难以将信仰投入到既定的社会价值信念中，最终成为一个只关注自我、淹没在泛滥信息符号中的"容器人"，严重阻碍其社会化进程，不利于个人发展。

三、互联网时代高校德育工作的优化路径

第一，净化互联网环境是提升高校德育工作效果的重要前提。所以，高校要与互联网监管部门展开合作，打造绿色、健康的互联网安全系统，过滤有害信息。与此同时，要主动为高校学生提供丰富有益、积极向上的文化内容和精神产品，如通过微信、微博等新媒体平台推介优秀的书籍和电影。

第二，根据高校学生的心理特点、活动规律及习惯，在学校官方网站、宣传展板等不同场合设置有益于学生身心健康发展的专题项目，如学习栏目、网络社区、就业板块等。与此同时，要注重培养高校学生的自律意识，尤其要关注对其网络道德的培养与提升，让高校学生明确遵纪守法、理性思

考是参与网络生活的基本前提。

第三，打造健全的校园"微文化"运营体系。由教师、辅导员、学生会等成立工作小组建立校园微信群，综合校园各类资源，构建一个涵盖学生学习、生活、娱乐、就业等不同方面的德育系统，并统筹规划与之相对应的各类活动，如网络安全知识讲座、优秀书籍分享交流会等。

第四，加强信息干预。通过构建有效、强力的信息干预系统，降低负面信息对高校学生的消极影响，围绕主流文化打造一个允许自由发声、以法律为底线的舆论平台。辅导员、班主任等应当通过微博、微信等平台，关注学生的生活动态、思想状况，及时与发布负面信息的学生进行沟通，通过劝诫、抚慰等方式帮助其摆脱不良文化、腐朽思想的桎梏。一旦发生突发事件，应当密切跟踪其舆论走向，充分听取高校学生的建议和观点，引导学生理性看待问题。

第七节　高校德育工作话语体系的构建

高校德育工作是高校全面落实立德树人根本任务的保障，是培养德才兼备的合格建设者与可靠接班人的必然要求。当代大学生是构建和谐社会的生力军，对最终实现中华民族伟大复兴的"中国梦"具有重大和深远的意义。德育工作应该顺应学校发展的需要，改进和创新工作方法，积极转变思路，构建科学的话语体系，融合话语平台，切实提高大学生德育工作的实效性。

一、高校德育工作的内容分析

阿尔伯特·爱因斯坦曾说过："用专业知识教育人是不够的。通过专业教育，他可以成为一台有用的机器，但是不能成为一个和谐发展的人。"所以，高校在对大学生进行专业培养的同时，要加强德育，加深对德育真实内涵的理解，分析思想教育、政治教育、道德教育这三者之间的内在联系，这也是高校德育工作创新思维的需要。

（一）思想教育

思想教育，狭义上指世界观、人生观的教育，广义上指对人各方面的思想以及观点产生影响的教育，它也是学校德育的组成部分。我国的思想政治教育以整个人类社会和自然界发展规律的认识为基础，以历史唯物主义和辩证唯物主义为指导思想，逐步引导学生树立科学、正确的人生观；培养大学生勇于参加社会实践的精神和追求实事求是、明辨是非的正确态度，通过实践获得阅历和体验，使其转化为观点和信念；培养大学生具备良好的科学文化素养和实践潜质，创建良好的社会科研环境，助推大学生树立正确的世界观和价值观；在一定的道德观点、信念指导下，引导大学生在实际生活中形成具体的生活态度和理想。

在世界观领域，高校教育者应该要求大学生更加深入地了解历史唯物主义和辩证唯物主义，要教育学生用唯物辩证法来武装自己的头脑，正确地认识自我和社会的关系，尊重人类社会发展的规律，把为社会做贡献与体现人生价值相结合，而不是把金钱作为衡量人生价值的尺度。同时，要教育学生树立"社会利益为先，个人利益为后"的思想，处理好树立正确的人生价值观要解决的核心问题。不仅要使学生掌握哲学思想的精髓，还要让学生具备创新精神和实践能力，提高思想认识水平。

（二）政治教育

政治教育是指有目的地形成人们一定的政治观点、信念和政治信仰的教育。它是学校德育的重要组成部分，其性质由一定的社会政治经济制度所决定，包括世界观、人生观、政治观、道德观、法制观等，且受教育方针、目的制约，具有鲜明的阶级性和方向性。

具备社会主义和共产主义的理想信念，是新时代大学生政治素质的首要标准。理想信念是前进的动力。青年时期是人生中追求理想最关键的时期，大学生在这一时期要树立社会主义理想信念，在行动中确立正确的人生发展目标。党的十九大报告提出"为把我国建设成为富强民主文明和谐美丽的社会主义现代化强国而奋斗"，这就要求高校要提升爱国主义教育的思想认识，弘扬中华优秀文化，传承中华传统美德，要求大学生具有爱国主义精神，这种精神不仅体现在理论课堂上，更要体现在日常生活中。爱国主义是当代大学生的基本人格，这离不开家庭的熏陶、社会的引导和学校的教育。要做到爱国主义与爱社会主义一致，就必须全方位提升爱国主义教育格局。

（三）道德教育

道德教育是指对受教育者有目的地施以道德影响的活动，内容包括德育、智育、美育等。提高道德觉悟和认识，养成良好的道德习惯，这是社会成员必备的品质。高校要培养学生养成良好的道德品质以及强学力行、勇敢坚毅、求实创新、自我提高、自我完善的品性。

良好的道德素养源于高尚的道德观念。高校大学生首先要树立社会主义道德观念，具备职业道德、社会公德和家庭美德。良好的道德风尚受正确的、科学的社会主义人生观、价值观的引导。社会主义道德素质要求大学生在处理个人、社会和他人三者之间的利益关系时，首先要考虑到社会和他人的利益，拒绝损人利己。社会主义核心价值观倡导集体主义、克己奉公，先大家后小家，倡导培育良好的道德素质，重视自身的道德修养。"慎独"精神在新的时代背景下被重新定义和大力提倡，只有在一切复杂的环境下，真正地做到自律、自省、自警，很好地驾驭自身道德行为，才能保持良好的道德状态，毫不懈怠，严于律己，对道德价值始终保持一颗敬畏之心。

二、加强德育工作是高校稳定发展的必然要求

（一）高校德育工作对党的事业意义重大

中国共产党历来重视德育工作，《关于进一步加强和改进大学生思想政治教育的意见》中明确指出，要把大学生的思想政治教育作为对高校办学质量和评估考核的重要指标。德育是政治教育、思想教育、道德教育的总称，德育包括家庭德育、学校德育、社会德育等多种形式。德育是我国当前思想政治教育的基础，有利于推进社会反腐倡廉工作的有效开展，也有利于推进我国生产力的发展。对大学生进行良好的德育教育是广大思想教育工作者及教师所肩负的使命，良好的德育教育也将对学生未来发展起到奠基作用。

（二）高校德育工作是立德树人的保障

高校要积极贯彻党的教育方针，坚持把立德树人作为根本任务，培养德、智、体、美、劳全面发展的社会主义建设者和接班人；要树立"育人为本、德育为先"的理念，坚决按照党中央顶层设计和部署的要求，推动学校内涵发展，促进学校人才培养质量全面提升；坚持"以学生发展为中心"的理念，结合专业特点，有计划、有针对性地组织开展系列育人活动。要实现高等教

育的培养目标，必须坚持育人为本、德育为先，大力倡导并实施"全员、全方位、全过程"的三全育人机制，这是高校完成党和国家交给的人才培养任务的根本路径。同时，这也为建设特色鲜明的地方本科院校提供了强有力的思想保证、精神力量、道德滋养和文化条件。

三、构建话语体系，提升高校德育工作的实效性

（一）充实科学的话语内容

高校德育工作要大力传承和弘扬中华优秀传统文化、革命文化和社会主义先进文化，将其与高校德育工作的全过程相融合，深入学习和研究习近平新时代中国特色社会主义思想，深刻领悟这一重大思想的核心内容和创新思路，全方位理解和把握这一重大思想的科学体系、精神实质和实践要求。打好学生文化自信的基础，从而强化对其思想政治教育的话语认同。将习近平新时代中国特色社会主义思想往心里讲、往实里讲、往深里讲，使学生真正意义上懂得继承和发展马克思列宁主义、毛泽东思想、邓小平理论、"三个代表"重要思想和科学发展观。

习近平新时代中国特色社会主义思想是党和人民探索出来的实践经验，是马克思主义中国化的产物，是引领时代发展中彰显马克思主义的思想风范，是集体智慧的结晶，是中国特色社会主义理论体系的重要组成部分，是全党、全国人民为实现中华民族伟大复兴而奋斗的行动指南。这就要求高校德育工作要突出思想引领，推动习近平新时代中国特色社会主义思想"进教材、进课堂、进师生头脑"，教育、引导师生筑牢信仰之基，以丰富的思想理论，充实科学的话语内容，加强话语体系建设。

（二）构建融合的话语平台

在互联网技术突飞猛进的现代媒介场域中，要守好思想政治教育者的话语权就需要着力构建传统媒介与现代新媒介相融合的平台，以保障其话语能够真正抵达学生的内心深处。德育是人心和灵魂的教育，是对一个人内在修养的教育，是决定一个人能否成功的教育。中华民族有着上下五千年的历史，我们从幼儿教育阶段就在强调尊老爱幼的美德，强调人要养成良好的道德修养。传统思想品德教育以儒家思想为主流，中华民族在长期的道德教育实践中，逐渐形成了具有中华民族特色的道德教育思想理念。通过义务教育阶段的思想品德教育，培养学生具有先进的思想、高尚的品德，从而充分发挥精神力量对社会发展的促进作用。同时，高等教育中的德育是促进人的全面发展的教育中一个重要的环节。人的全面发展的教育的核心是要教会学生如何做人和做什么样的人，其中思想品德的健康发展是首要的，良好的思想品德会使人拥有博大的胸襟、远大的理想和高尚的道德情操。

在全球信息化、网络化迅猛发展的急剧变革的时代，互联网媒体对学生的思想观念、价值判断和行为选择的影响日益加深而且更为复杂。因此，在这种情况下，高校德育工作者必须构建起主流意识形态话语传播的新架构，进而让主流意识形态话语进入学生心灵，使学生增强对我们社会主义国家的道路自信、理论自信、制度自信和文化自信。

第八节 建立在文化自信视角下的 高校德育工作

2016 年，习近平总书记在庆祝中国共产党成立 95 周年大会上的讲话提出："文化自信是一个民族、一个国家以及一个政党对自身文化价值的充分肯定和积极践行，并对其文化的生命力持有的坚定信心。"文化自信作为道路自信、理论自信、制度自信的基础，具有重要的引领作用。高校作为青年学生的聚集地，向学生提供先进的文化理念与文化知识，并在传输知识的同时落实对学生的道德教育工作。树立青年学生坚定的文化自信是高校德育工作的新要求、新方向。为了树立青年学生高度的文化自信，首先，高校要引导青年学生认清当前的文化态势并理性对待，让青年学生认识到我们的文化自信来自悠久的传统文化、深厚的文化底蕴以及丰富的文化资源，来自中国特色社会主义道路的巨大成功以及当代中国在国内和国际上取得的显著成就；其次，高校要在德育工作中坚持社会主义核心价值观的方向引领；最后，高校要在教育实践活动中提高青年学生的文化认知与文化自觉，从而使其树立坚定的文化自信。

2015 年，中共中央办公厅、国务院办公厅印发的《关于进一步加强和改进新形势下高校宣传思想工作的意见》中指出，"立足学生全面发展，努力构建全员全过程全方位育人格局，形成教书育人、实践育人、科研育人、管理育人、服务育人长效机制，增强学生社会责任感、创新精神和实践能力，全面落实立德树人根本任务。"《关于进一步加强和改进新形势下高校宣传思想工作的意见》是对 2012 年教育部《关于进一步加强高校实践育人工作的若干意见》的完善与补充，在教书育人、管理育人和服务育人的基础上增加了科研育人和实践育人，突出了教师在实践中对学生进行教育的重要性。全国高校思想政治工作会议则要求实现全程育人与全方位育人。这就要求在教书育人、实践育人、科研育人、管理育人以及服务育人的基础上进行育人创新，实现育人形式上的突破，打造全程与全方位育人格局。

一、文化自信与高校德育工作的内在逻辑

党的十七届六中全会提出，"培养高度的文化自觉和文化自信，提高全民族文明素质，增强国家文化软实力，弘扬中华文化，努力建设社会主义文化强国"。这对促进文化的大发展大繁荣，具有重要的战略意义。

党的十九大报告指出，广大青年要坚定理想信念，志存高远，脚踏实地，勇做时代的弄潮儿，在实现中国梦的生动实践中放飞青春梦想，这也就可以将坚定文化自信与青年坚定理想信念相结合。青年树立坚定的文化信念，需要一定的载体作为依托。

高校倡导的文化内涵无时无刻不影响着青年学生的思维方式与行为方式，高校提供的文化理念与文化氛围至关重要。高校的德育工作涉及范围较广，提供文化服务是德育工作的一部分，为青年学生提供先进的文化理念与文化知识，是落实高校德育工作的重要标准。

文化认知是文化自信的前提，对文化没有一定的了解就谈不上文化自信；文化自觉是文化自信的基础，青年学生具有高度的文化自觉才能树立坚定的文化自信，才能具有高度的使命感和责任感。高校要培养学生的文化自信，就要先培养学生的文化认知与文化自觉，并以此为契机使学生树立坚定的文化自信。

二、高校德育工作怎样树立学生的文化自信

（一）引导学生认清当前的文化态势并理性对待

中华优秀传统文化、革命文化和社会主义先进文化是优秀文化的代表。中华优秀传统文化中的伦理道德、规范、礼仪，以及传统文化中所倡导的众多美德直到今天仍受到社会的认可并广泛流传。例如，"仁、义、礼、智、信"是传统伦理所倡导的人们应该坚持的道德准则；"温、良、恭、俭、让"是人们应该培养的高尚品性；"忠、孝、勇、恭、廉"是人们应该追求的高尚品格。优秀传统文化具有重要的推动力，能推动社会和谐发展，并能在一定程度上促进经济的繁荣。

红色文化产生于革命战争年代，革命文化是其外在表征，革命理念是其核心内涵。革命先烈在革命战争时期所展现的"抛头颅、洒热血"的无私无畏、"不拿群众一针一线"的内心信仰、对革命必胜的坚定信心以及伟大的敢于吃苦的"长征精神"都能够振奋当代青年学生。青年学生要在身体与心理上认知革命文化，感悟革命先烈精神，不断追求实现社会主义、共产主义的伟大理想，懂得当下的美好生活是他们用顽强的意志、钢铁般的身躯打拼下来的，进而在认同革命文化的同时树立对革命文化坚定的、高度的自信。学生在革命文化的洗礼中感受到革命先烈对革命胜利的坚定信念，为了内心的信仰不懈奋斗甚至不惜以牺牲生命为代价，在革命文化的熏陶中感受中国特色社会主义发展的美好，铭记革命先烈的光辉事迹，在面对过去与展望未来中不断思索，憧憬共产主义社会的到来。

我国坚持并长期坚持马克思主义理论中国化，坚持马克思主义与中国具体实际相结合，坚持走中国特色社会主义道路，在实践中形成了独具特色

的社会主义先进文化。在认识到我国文化先进性的同时，青年学生同样要对外来文化有清晰的认识，面对外来文化的冲击时，应该有正确的判断。

一方面，青年学生要了解到外来文化对其价值观的建构所带来的影响，真切感悟中华优秀文化对其价值观建构的积极作用，体悟到中华优秀文化的精髓，从文化认知到文化自觉再到文化自信的过程中，虔诚对待中华优秀文化；另一方面，德育工作者要激发青年学生的文化担当和文化责任，使青年学生主动承担传承中华优秀文化的责任，成为中华优秀文化的学习者和传播者。青年学生应继承和发扬中华优秀传统文化、红色文化以及社会主义先进文化，提升文化认知、文化修养和文化追求，增强文化认同感和归属感，从而形成民族向心力和凝聚力。

（二）坚持社会主义核心价值观的方向引领

社会主义核心价值观，是社会主义意识形态的本质体现，是社会主义先进文化的精髓，是当代中国精神的集中体现。核心价值观是一种民族精神，是中华民族不怕吃苦、艰苦奋斗、勇于奉献、奋发向上的民族精神与时代精神的整合，是中华文化的精华。社会主义核心价值观凝聚着党和国家的心血与殷切期盼。

大学阶段是青年学生树立价值观的关键时期，他们对社会主义核心价值观的认知、认同与践行不仅能够促进他们自身的发展，也能够在社会上营造一种良好的风气。高校应该积极引导学生树立正确的世界观、人生观和价值观，解读社会主义核心价值观的内涵，将抽象的理论与学生的实际相结合，使学生在实践中感悟核心价值观的引领作用与方向作用。这不仅可以加深学生对中华优秀传统文化、革命时期红色文化以及社会主义先进文化的理解，还能使学生在对外来文化的批判与选择性使用的过程中拓展先进文化，创新中华优秀传统文化，不断增强中华优秀传统文化的感染力、感召力与凝聚力，展现中华优秀传统文化的包容性。通过对马克思主义理论的学习，青年学生能有效鉴别优劣文化。面对西方文化中优秀的部分，符合我国核心价值观要求的，可以拿来借鉴，为我国文化提供养分；面对外来文化中糟粕的部分，则要坚决抵制。青年学生应该在对比中西文化的过程中，选择能"为我所用"的价值观念，选择真正属于民族的、大众的优秀文化。

（三）加强文化自觉与文化自信的教育实践活动

德国哲学家卡尔·雅思贝尔斯指出，教育是人与人精神的契合，是精神领域的交流，是文化传递的活动。同样，高校的主要职责就是育人，既包括课堂讲授专业知识达到育人的目的，又包括使学生通过社会实践达到育人的效果，这都是文化传递的活动。高校学生作为实践的主体，他们的实践选择与活动方式造就了高校文化，良好的高校文化又为社会和国家培养了一代又一代有知识、有文化、有道德、有纪律的青年。党的十九大报告强调："青年兴则国家兴，青年强则国家强。"青年学生作为有理想、有本领、有担当的一代，中华民族伟大复兴的中国梦将在一代代青年的接力奋斗中变为现实。高校要确保学生在教学实践活动中的主体性地位，学生可以在实践活动中亲身感悟文化的内涵，在实践中形成文化认知，逐步形成文化自觉，最后达到文化自信。教学实践活动有助于提升学生的团队意识，有助于学生树立正确的人生目标，有助于弘扬法治建设的法治精神和。教学实践活动符合青年学生的心理特点，是培养其文化自信的重要途径。

首先，教师应该在教育教学中开展教学实践活动，帮助学生树立对传统文化的自觉与自信意识。教师可以在课堂上灵活运用剧情表演、主题演讲、传统文化经典名著朗诵和辩论赛等多种形式，提高学生参与教学实践活动的积极性，激发学生对传统文化的兴趣，培养学生继承和弘扬传统文化的意识；组织学生参观博物馆等具有文化内涵和底蕴的场所，让学生在参观过程中亲身体验，认知并认同我国传统文化的发展历史，增强民族认同感和自豪感，激发学生的爱国情感，提升学生对传统文化的自信；引导学生参加文化研讨会和文化品牌交流会。一方面，学生在参与、交流中可以培养自身的文化创新思维，从众多文化资源中辨别优劣文化，体验优秀传统文化的当代价值；另一方面，学生在参与过程中能自觉担任优秀传统文化走向世界的践行者和传播者，促进传统文化与世界文化的交流，实现传统文化的革故鼎新。

其次，教师应该依托革命教育实践基地，把握教育的有利时机。教师要善于抓住国家重大纪念日及纪念活动，带领学生参观革命教育实践基地，向学生讲解基地成立的影响及意义。教师将对基地的讲解和我国革命、建设、改革的伟大成果结合起来，深化学生对民族精神的认知，加强学生对红色文化的认同。教师选择符合具体实际的、恰当的、具有高度教育意义的实践基地，并且在实践结束后指导学生撰写心得体会与实践报告，提升学生对红色文化的认同感，并能够在以后的学习与生活中升华自身对红色文化的感情，坚定理想信念，从而铸就坚定的文化自信。

最后，要践行社会主义核心价值观，促使学生在实践中提升文化自信。社会主义核心价值观作为文化自信的重要组成部分，青年学生对社会主义核心价值观的实践过程，也就是逐步树立文化自信的过程。一方面，高校的马克思主义学院、团委、宣传部、社团可以联合起来组织并举办以弘扬社会主义核心价值观为主题的活动，共同加强校园文化建设，营造良好的育人氛围。宣传部可以借助微信公众号这一平台，向青年学生推送社会主义核心价值观的相关知识；相关部门联合举办主题演讲、文艺演出、专题讲座等校园文化活动，并将社会主义核心价值观相关内容渗透到活动中去，学生在参与活动的同时也能提升对民族文化的认同感与自豪感。另一方面，实践是检验真理的唯一标准，学生必须在现实生活中践行社会主义核心价值观，因此必要的社会实践也是必不可少的。高校可以组织学生开展社会调查实践活动，加强青年学生对社会主义核心价值观的理解与认同，并在支援、支教和社会志愿服务活动中感悟核心价值观的内涵，最终达到核心价值观内化与外化相统一的效果。

第二章　高校德育工作模式研究

第一节　高校全员育人的德育工作模式

自中共中央、国务院印发《关于进一步加强和改进大学生思想政治教育的意见》以来，各高校为了满足新时代下大学生思想政治教育的需要，逐步确立了"育人为本、德育为先"的工作理念。在高校大力推进教育教学改革的形势下，创新育人工作方法，坚持"以学生为本，全员育人、全方位育人"，全面助推学生成长成才，努力构建立体式的全员育人模式尤为重要。本节在分析当前全员育人背景下高校德育工作存在的问题的基础上，结合中国石油大学（华东）的实际情况，总结出全员育人的方法和途径，努力构建精细化立体式的全员育人模式。

一、全员育人模式下高校德育工作存在的问题

（一）高校对高素质人才定义不明确，人才培养过程中忽视大学生的思想政治教育

随着我国经济社会的快速发展，尤其是在高校进一步扩大招生的背景下，高校的精英化教育开始向大众化教育转变。这种转变凸显了加强大学生

思想政治教育和提升大学生综合素质的迫切性。学习是学生的本职工作，但高校不仅是学生学习科学文化知识的地方，更是学生提升思想政治水平、综合素质的基地，这对高校人才的培养提出了更高的要求。但目前，部分高校评定人才多以学生的专业成绩、专业技能为标准，过度重视专业知识，忽视学生思想政治教育和综合素质的提升。由于对高素质人才定义不明确，所以高校领导对思想政治教育工作重视程度不足，学校没有形成浓厚的思想政治教育氛围，学生的整体道德素质有待提高，学生的思想政治教育亟须进一步加强。

（二）思想政治教育工作力量薄弱，教师和管理人员的育人积极性和责任感有待提高

高校的思想政治教育工作应该以素质较高的专职政工教师为核心，动员全校教职工，真正做到教书育人、管理育人、服务育人，形成全方位立体式的育人工作模式，切实做到全员育人。目前，高校中从事学生思想政治教育工作的多是刚毕业的大学生，他们思想活跃，虽然容易与学生沟通，但缺乏工作经验，工作思路和方法不完善，细致和耐心程度都需要进一步提高。此外，由于高校政策不健全，缺少为提升大学生思想政治教育工作者工作积极性的倾斜性政策，一些思想政治教育工作者缺少晋升机会，工作也无法实现量化，导致其工作积极性不高，人员流动比较大，大学生思想政治教育工作队伍极不稳定。同时，一些高校领导、教师在认识上有些偏颇，认为思想政治教育只是辅导员、班主任等专职政工的事情，其他人参与就是越俎代庖。可见，部分高校仍未形成全员育人的意识，这在很大程度上阻碍了全员育人工作的开展。

（三）忽视了朋辈互助的力量，榜样作用在德育工作中效果不明显

朋辈互助也是开展学生思想政治教育工作的主要形式。大学生成长过程中的思想政治教育的需求是多样的，学生之间年龄相当，没有代沟，容易走进彼此的内心世界，可以真正了解对方的想法，有针对性地开展劝导，可以帮助对方树立正确的世界观、人生观和价值观。朋辈互助是一种共同受益的行为，利用这种方式，被帮扶者能有效提升自身的道德素养，而帮扶者则能提升自我成长、自我教育的意识，实现自我价值。但目前，高校依然拘泥于传统的学生工作模式，缺乏创新，没有足够重视朋辈互助的力量和作用，对学生缺乏信心，忽视了榜样的作用，德育工作效果不明显。这既不利于高校思想政治教育工作的开展，也不能有效发挥学生之间优势互补、互相促进的作用，不利于学生的自我成长和自我教育。

二、构建立体式全员育人模式的有效途径

（一）坚定全员育人理念，完善育人保障机制

教育的最终目标和根本任务是培养优秀人才。全员育人是培养高素质人才的重要途径，高校必须坚定全员育人的理念，完善育人机制。第一，要完善高校师资队伍建设机制，打造一支高水平的师资队伍。高水平、高质量、责任心强的育人队伍是培养优秀人才的前提，所以高校应通过集体培训、共同探讨、创办交流论坛等途径，提升育人队伍的综合素质。第二，育人机制的执行力在很大程度上取决于育人质量的评价机制，只有将完善的考核机制与激励机制相结合，才能使全员育人定位准、职责明、实施效果好。例如，笔者所在的学院经常组织辅导员外出参加学习培训、举办班主任座谈会，以

提高育人队伍自身的学识水平；建立了完善的班主任考核激励机制，通过学生评价班主任工作、优秀班主任评选及班主任工作与教师职称评定挂钩等措施提高专职育人工作者的工作积极性，同时健全了对非专职育人工作者的奖励政策，提升全员育人的意识和责任感，保障了全员育人工作的顺利开展。

（二）重视非专职政工教师的力量，最大限度地做到全员参与德育工作

"三全育人"中教书育人与服务育人的力量不可小视。教书和育人是教师的天职，将学生培养成新时代全面发展的人才也是教师教学的根本目的。教师在教书育人、引导学生成才的过程中发挥着中流砥柱的作用，在传授知识及与学生接触的过程中，教师自身的人格、品德会潜移默化地影响学生，教师即使不与学生直接接触，其自身的优良品德也会在影响校园学习氛围的同时影响着每一个学生，潜在地促使学生科学规划自己的大学生涯，引领学生正确树立自己的人生观和价值观。所以，学校中的每一位教师都对学生的成长、成才发挥着至关重要的作用，都应承担起育人的职责。为了最大限度地发挥教师的教书育人功能，笔者所在的学院为每个本科班级配备了专业班主任，为每个宿舍配备宿舍导师，为每个学生量身打造人生导师，师生思想和情感上的交流从课堂、专业交流会延伸到班级例会以及学生宿舍，教师每时每刻都在影响学生、指引学生、教育学生。

此外，"服务育人"的力量是隐形的，但影响却是广泛的、持久的。高校后勤职工在服务中也应该承担起育人的职责。所以，学校在开展学生工作的同时，也应该加强对非专职政工教师的培训，提升他们自身的道德素养；也可以开展学生与教职工共同参与的活动，让师生在交流中共同进步，最大

限度地做到全员参与育人工作。

（三）重视朋辈互助的力量，充分发挥伙伴和榜样作用

朋辈互助的形式能弥补高校思想政治教育工作中的不足，更能满足不同层次学生的需求。有些学生由于自尊心强、性格内向等因素，在学习和生活中遇到困难和疑惑时不愿向教师求助，多求助于身边与自己年龄相当的同学。这时，朋辈互助的伙伴作用和榜样作用就突显了出来。例如，中国石油大学以学生自我成长、自我管理、自我教育为理念，以学生干部、学生党员、优秀研究生及高年级优秀本科生为依托，通过开展"1+1＞2""结对子""兄弟计划""研本1+1"等活动帮助学生解决了许多问题，既提升了学生自身的素质，又培养了学生团结互助的精神，使学生在获得成就感的同时，树立正确的世界观、人生观和价值观，真正实现自我成长、自我管理、自我教育。

（四）加强校园文化建设，重视文化在德育工作中的育人效果

校园和宿舍是大学生主要的生活场所，高校应该将这些地方转变成提高大学生文化水平和修养的阵地，将校园文化建设、宿舍文化建设等与学生的思想政治教育工作有机结合起来，充分利用校园文化，通过开展积极向上的文化体育活动，指引大学生成长、成才。例如，在开展"文明宿舍""校园文明行为"和"优秀班集体"等评选活动的过程中，学校要教育学生文明竞争，向优秀集体、学生看齐，使学生在竞争中提升自身水平和道德素养。学校要充分发挥校园文化的感染功能，提升育人效果。

第二节　高校情感教育德育工作模式

情感是道德发展的心理基础。情感体验是获取道德知识的重要途径，道德情感是情感的一种高级形式，对道德认知有激发作用、引导作用和调节作用，也有利于构建德育工作的新框架。

情感教育是德育的一部分，它关注德育过程中学生的态度、情绪、情感以及信念，以促进学生的个体发展和整个社会的健康发展。情感教育是使学生身心感到愉快的教育，通过在德育过程中培养学生的社会性情感品质，发展他们的自我情感调控能力，促使他们对学习、生活和周围的一切产生积极的情感体验，形成独立、健全的个性和人格特征，真正使他们的品德、智力、体质、美感及劳动态度和习惯都得到发展。

一、高校德育工作中情感教育的内涵及其意义

真正的情感教育不以社会赞成与否为条件，而是以一种情感符号发生的潜移默化的、个人的、富于启发性的接触。情感教育以重视人的情感培育为德育的切入口，寻找如何使情感品质支持人在德、智、体、美、劳等方面素质的发展。情感教育既以情感为目标和内容，又以情感为手段和途径，它是德育的重要组成部分。高校德育中的情感教育有两个重要特征：一是重视人的情感，并把情感发展纳入德育的目标；二是利用人的情绪和情感的特殊机制，提高道德教育的影响力和有效性。

情感教育对大学生的品德形成具有推动作用。情感是人们对事物的真假、美丑、善恶所产生的喜怒、爱憎等主观体验。情感是道德信念和精神力量的心脏。没有情感，道德教育就会变成枯燥无味的语言。情感所反映和表

现的是人对客观事物的态度。客观现实是情感产生的源泉和基础，脱离客观现实或对客观事物缺乏认识，就谈不上情感。在人们思想品德形成的过程中，情感起着中介作用。

情感有积极和消极之分，积极的情感能使人感到兴奋、激动和愉快，促使人们热衷于投身到自己感兴趣的活动中；消极的情感会使人感到孤寂、冷漠和烦躁，失去参与各种活动的热情和动力。在高校德育工作中，积极的情感对学生的认知起着引导和激励的作用，它可以成为学习活动的直接诱因，可以转化为学习动机。因此，充分发挥情感的积极功效，并将它融入德育工作中，可以真正调动学生的主观能动性，使学生愉快、自觉地投入到学习中，并将积极的情感转化为积极的行动，从而形成良好的教育效果。

大学生的情感带有更多的理性或理智成分。大学生的集体主义情感、爱国主义情感、民族自豪感、责任感、正义感日渐形成，并且建立在对人生、理想、社会、政治等理性思考的基础上。情感来源于认识，而情感的丰富发展又能强化认识，提升认识的深度和广度。因此，情感教育在大学生的品德形成过程中所处的地位十分重要。

情感作为主要的非认知因素，它以兴趣、愿望、热情等形式构成学习的动机，在学习过程中起着驱动和调节的作用。情感状态所构成的恒常心理或一时的心理状态，都对当前进行的信息加工起到组织协调作用，它可以促进或阻碍学习、推理、操作和问题解决。大学生思想品德的形成和发展过程是"知、情、意、行"等因素相互作用直至达到平衡发展的个体内部矛盾运动过程，但同时又是受外部环境影响的过程。这个过程的基本问题是如何将"不知"转化为"知"，将"知"转化为"行"的问题。高校德育中情感教育的目的主要是激发和满足大学生这种高层次的情感需要，帮助和引导大学生树立和巩固这种高层次的道德感、审美感和自尊感。大学生只有通过积极的道德情感体验，才能使抽象的道德原则转化为具体的内容，从而激发强烈的道德感，将勤奋学习、助人为乐等视为自己对祖国、对人民应尽的义务。因此，高校德育中情感教育必须坚持"以科学的理论武装人，以正确的舆论引导人，以高尚的精神塑造人，以优秀的作品鼓励人"。

二、高校德育工作中加强情感教育的措施

（一）以知育情，重视课堂教学的主渠道作用

第一，教师要努力提高自身的教学水平，这是实现以知育情的关键。教师应以扎实的理论功底、广博的知识和丰富的社会经验以及良好的语言表达能力来吸引和影响学生。成功的课堂教学应是使学生产生兴致，给学生带来思考、启迪和回味的教学。教学应使理论密切联系社会实际和学生实际，做到既能深入，又能浅出；既有理论，又有实践。

第二，重视发挥大学生的主体性，调动其学习的积极性是实现以知育情的重要因素。大学生的心智趋于成熟，独立意识、成人意识越来越强，已经不满足于被动地接受思想道德知识，他们已经有了自己的分析、判断和选择的能力。因此，教师应重视大学生的主体性，在师生的互动中引导和鼓励学生自己去思考、分析、寻找答案，这既是一个学习的过程，也是一个自我教育的过程。由学生自己开展的讨论、辩论、演讲、情景模拟、心理训练等活动深受学生欢迎。

（二）以情育情，重视发挥教师的影响力

第一，教师要自觉重视师德建设，以身作则。课下教师应主动创造更多的机会，寻找更多途径与学生沟通。一方面，可以更好地了解学生；另一方

面，可以拉近师生间的距离，赢得学生对教师的信任和尊敬，使教师的情感更好地影响学生的情感。

第二，重视学生个案问题的解决，使德育与心理咨询相结合。由于学生的成长背景、生活环境各不相同，他们存在的问题也是千差万别的。如果学生的困扰得不到及时解决，情绪得不到及时疏导，他们的身心发展就会受到影响，思想政治教育的效果也会受到影响。学生往往也正是通过教师对个案问题的态度来评价教师的人品，产生与教师或亲或疏的情感体验。

（三）以行育情，建立思想品德成绩的动态考核系统

思想品德成绩应实行全程考核制，真正体现思想品德统领全局的作用。目前各高校所进行的思想品德考核只能算是一票制的考核，在每学期期末进行，是静态的。而且由于都是大班课，教师要想了解每个学生，基本上是不可能的，平时成绩只能是看课堂表现。因此，会出现道德素质高的学生成绩不高，道德素质低的学生成绩不低的现象。虽然每学年有综合测评，但也是以学习成绩为主要指标。

（四）以境育情，发挥管理育人、服务育人的作用

高校要营造良好的校园育人环境。高校实施道德教育除了理论教学和思想政治工作外，还有其他间接途径，它涉及学生的所有生活，这就是校园的育人环境。学生置身其中，陶冶性情，养成习惯，教育家称之为"泡菜理论"，这一育人环境既包括硬件建设，也包括软件建设。

提高思想政治教育的实效性是摆在高校教育工作者面前的重大课题，也是一个需要各方配合的系统工程，而促进大学生道德情感的形成是高校德育的关键。如果高校能在这一环节上有更多的作为，就能弥补传统思想政治教育上的缺失，造就更多社会所需要的、全面发展的人才。

第三节　高校隐性德育工作模式

在高校教育中，德育是非常重要的教学工作。而德育教育模式的选用，可以直接影响德育的实效性。需要注意的是，德育课程有显性课程和隐性课程两种。隐性德育资源是非常重要的德育资源，是需要教师予以足够关注的德育教育内容，值得教师将其融入德育教育体系中。高校在全面贯彻落实立德树人这项教学任务的过程中，要注重结合德育课程的自身特点与教育功能完善德育教育模式，尤其是隐性德育课程中蕴含着的显性德育课程不具备的教育功能。

一、高校隐性德育课程的基本概述

隐性课程实际上就是没有明确规定却又符合教学经验的一种隐含的、随意的课程资源。有学者认为，隐性课程对学生产生的影响不在于学业成绩，而在于学生的价值观和情感意志等方面。这一点与德育相契合，意味着隐性德育课程资源是适用于德育的。而且隐性课程一般都隐藏于校内环境中，如班级环境、校园环境等，它们能够潜移默化地影响学生，这种影响实际上是无意识的，也是不明确的，虽然不是立竿见影的，但是重在稳定、持久，可以在不断累积的中产生良好的教育效果。

可以说，隐性课程与显性课程有着明显的区别，如果在德育中充分利用隐性课程资源来辅助显性课程的教学，就可以很好地提高德育教学的实效性，构建起科学、合理的教学模式。

二、高校隐性德育模式的构建策略

在高校德育中，教师要构建隐性德育模式，可以充分发挥德育模式的有效作用，将德育功能渗透到学生的整个学习生活中。高校可以从以下几个方面来构建隐性德育模式：

（一）充分利用显性课程中的隐性课程资源

高校的显性德育课程一般是指思想品德课程，是一种与考试紧密相关的知识课程。而显性德育课程中蕴含着一些隐性课程资源，如果教师能够将隐性课程资源挖掘出来，并且渗透到显性知识的课堂教学中，可以很好地提高德育课程的教学质量。例如，在"处理民族关系的原则：平等、团结、共同繁荣"这部分的教学中，有些教师往往只是将其中的知识点机械地列出来，然后让学生识记，以使其通过考试、获得学分。但是在这样的教学过程中，教师没能充分发挥隐性德育的教育功能，即便在显性课程教育功能方面，教师也没有最大限度地将其发挥出来。

为此，教师要挖掘这一课的隐性德育资源，将人人平等、团结互助、共同发展等方面的理念渗透到课堂教学中，让这些隐性内容潜移默化地影响学生，让学生可以慢慢掌握一些为人处世的生活道理与技巧，这些都有利于提高高校的德育水平。比如，教师开展合作学习活动，实际上就是渗透了朋辈教育的隐性德育资源，学生可以在隐性德育资源的无意识和非计划性的渗透作用下接受教育，促进自身德育素养的提升。

（二）充分利用校园文化层面的隐性课程资源

校园文化包括物质文化和精神文化两种。教师应该挖掘其中的隐性课程资源，充分发挥其蕴含的德育功能。

在物质文化方面，高校可以从校园景观方面入手，从建筑、山水、道路等多个方面，对相关景观进行优化设计，使其使用功能、审美功能可以与德育功能相结合，让隐性德育资源能够借助景观对学生的感染作用，使学生潜移默化地对校园产生归属感，同时也对校园文化产生认同感。例如，学校可以在校园的公共场所布置雕塑、书画等蕴含着丰富文化内涵和隐性德育资源的物质景观，并做好校园的绿化、美化工作，切实将校园景观文化的隐性德育功能发挥出来。

在精神文化方面，隐性德育课程主要蕴含在校风、教风以及学风等方面。第一，学校要鼓励教师与学生建立和谐的师生关系，引导学生处理好人际关系，形成师生和谐共处的画面；第二，学校要弘扬优良学风，引导学生树立积极健康的学习态度，养成正确的学习习惯；第三，学校要抓好学生管理工作，杜绝不良风气在校园内蔓延，这也是加强教风的重要举措，尤其是拜金主义、享乐主义等会影响学生的价值观念，阻碍学生的健康成长。

（三）充分利用学校制度环境中的隐性课程资源

学校制度环境主要包括学校与班级规章制度、领导体制及领导风格、教学管理模式及教学管理组织等。这些内容都渗透着领导者与管理者的思想观念以及思想取向，尤其是以人为本的理念、正确的道德习性和行为方式等。通过这些隐性德育资源的渗透，可以让学生懂得自尊自爱、自律自勉，有利于增强学生的法治意识，使其遵纪守法，并且理性地认识民主与自由，懂得正确地履行自身的权利与义务，既能提高自身的德育素养，又能养成良好的行为习惯。

隐性德育资源是非常重要的德育资源，教师应该充分挖掘显性德育课程资源中蕴含的隐性资源，学校也应该加强校园文化建设工作，并且充分利用学校制度环境的隐性德育资源，全面构建高效的隐性德育教育模式。

第四节　高校学生生活园区的
德育工作模式

　　高校学生生活园区是大学生生活、学习、交往、娱乐的公共区域，也是传承大学精神、彰显高校特色、开展思想政治教育的重要平台和阵地。在高校学生生活园区融入德育，需要关注学生的个人需求和个性差异，潜移默化地影响学生，充分发挥学生的主动性，构建满足学生成长需要、促进学生发展的生活园区德育模式。

　　高校生活园区的德育工作以学生的生活实践为根基，以实现学生的全面发展为目的，以学生的实际需求为出发点和落脚点。

一、高校学生生活园区德育工作模式探索的理论基础

　　马克思主义道德观认为，社会生活决定人们的道德观念，道德观念作为一种特殊的社会意识，是由一定的经济基础决定的，它产生和存在于生活之中。道德观念是发展变化的，它随着社会生活的改变而变化，生活环境、条件的变化会引起人们道德观念的变化，特别是在高校生活园区，人员密集，师生的观念呈现出多元化和多变性等特征。因此，在高校生活园区开展德育工作，要让德育回归生活，满足学生的现实需要，也要考虑到学生的差异性，通过德育工作的深入开展，让学生过有道德的生活，做有道德的人。

　　外因总是通过内因起作用。在高校生活园区开展德育工作，应该发挥学生的自我能动性，在学校提供必需的条件和环境下，引导学生在真实的生活体验中理解德育的内容，将外在的德育要求内化为自己的道德追求。积极开发、利用具有价值导向功能的生活资源，引导学生的道德生活实践，让学生

在真实的道德情境中感悟生活的意义、思考人生的价值，在和谐、文明的生活园区中培养道德情感，养成良好的道德行为习惯，从而不断提高自身道德修养。

二、高校生活园区德育工作面临的问题

如今，高校生活园区中的"宅男"和"宅女"越来越多。在大数据背景下，虚拟网络已经成为大学生日常生活中不可或缺的一部分，很多学生沉迷网络游戏不能自拔。一方面，沉迷网络游戏严重影响自己和宿舍成员的休息，学生会出现身体疲惫、精神状态不佳等不良反应；另一方面，部分学生长期沉迷网络，容易迷失自己，学习上精力不足，会出现旷课、学习成绩下降等现象。另外，有些学生生活比较懒散，足不出户，很少参与户外活动，生活缺乏明确的目标，这也是目前高校生活园区德育工作面临的一大难题。

高校学生生活园区管理队伍存在年龄较大、专业知识不足的问题。高校生活园区管理人员大多是中老年的宿管阿姨、师傅，他们大多具备服务学生的热情，但在知识结构、学校法规制度的掌握等方面存在欠缺，这就导致了他们虽然与学生接触时间较多，但不能给予学生生活以外的指导和帮助，有时可能还会误导学生，给出不恰当的建议。

高校生活园区缺乏信息报送及应急机制。目前大学生在学习、心理、情感、生活等方面的需求呈现出多样性的特征，但由于园区缺乏信息报送及应急机制，有些学生的需求或矛盾得不到及时解决。这些问题导致高校学生生活园区德育工作面临较大压力。

三、高校学生生活园区德育工作模式的几点探索

第一，高校要夯实学生生活园区德育工作的物质文化基础，适当拓宽园区内学生文体活动的公共空间，为学生放下网络、走出寝室创造条件。在条件允许的情况下，高校可以对生活园区的内部格局进行改造，完善文化活动场所、公共活动空间等基础设施，增设运动休闲、生活服务等现代化配套设施，进一步拓宽学生在生活园区的活动范围，丰富校园文化生活。同时，注意良好的生活园区文化氛围的营造，注重文化内涵建设，如在学生宿舍内开辟"文化走廊"，展示优秀学生代表风采、校园文化活动剪影，宣传社会主义核心价值观等。

第二，高校要树立以人为本的育人理念，增强生活园区管理人员的服务意识。德育工作是一种影响人心灵的精神性活动，是一种以德行影响人格形成的交互活动。这就要求生活园区的教育者既要有高尚的德行，又要有科学的育人理念。生活园区的管理人员应从"服务学生"出发，尊重、理解学生，关心、帮助学生，尽可能以善意的方式给予学生在生活上的精神关怀，使学生将生活中的生命体验内化，不断提升道德境界。

第三，高校要打造优秀的生活园区管理团队。生活园区中学生密集，活动时间持久，必须加强管理人员的业务技能和服务能力，才能保证园区的稳定、和谐。首先，宿舍管理人员需要掌握专业的管理知识，学习新型、高效的管理模式，熟知学校园区的相关管理规定、学生住宿的相关要求、后勤服务范围等，才能在日常生活中给予学生正确的引导；其次，在学生生活园区内，院系一般都设有辅导员值班室，方便教师经常走访学生宿舍，与学生交流，了解学生的想法，及时解决学生的实际问题；最后，在学生生活园区中要充分发挥学生的作用，让学生直接参与生活园区的管理工作，提高自我管

理和自我服务意识。有些高校成立学生监督管理委员会、楼宇管理委员会和"学生党员寝室"等学生组织，他们深入学生群体，及时了解和反馈学生的诉求和意见，监督各项制度的执行，使学校相关部门和学生之间的联系和沟通渠道更加通畅，为学生谋福利、解难题。

第四，高校要加强制度建设，建立重大事件信息报送工作制度、学生预警工作机制和突发事件快速反应机制等，提升生活园区的危机处理能力。高校可以与校内的心理机构或部门联合，在生活园区内设立心理辅导室，解决学生的心理和情感等方面的困惑，排解学生心理上的种种不适，关注学生心理健康，比如，指导学生如何积极预防、妥善处理学生宿舍之间的矛盾，如何正确宣泄负面情绪和应对突发事件等。发现不良势头时，努力将矛盾化解在基层，解决在萌芽状态，及时、有效地排除可能导致学生思想不稳定的不良因素，维护学校师生的合法权益，确保生活园区工作有序运转。

第五，高校要加强网络监管，发挥舆论的正面导向作用，牢牢把握网络文化建设的主动权。高校应该加强生活园区网络的监督和管理，随时关注学生的思想动态和网络舆论，净化、优化和美化生活园区的网络环境。可以通过新媒体发布一些讨论话题，如在"易班（网络互动社区）"上举办如何有效摆脱网络成瘾、如何克服人际交往带来的焦虑等方面的心理讲座。目前，很多高校已经建立了学生社区局域网络，网络模块涉及学生的学习、思想、班级事务、生活服务、民主管理、文化生活等，融思想性、知识性、趣味性、服务性于一体，经常开展积极向上、丰富多彩的网络文化活动，分享和交流学生关注的热点问题，解决园区中出现的重点和难点问题。

第五节　高校以人为本的德育工作模式

随着互联网和计算机的不断发展和普及，大学生接触到的信息日益多元化，不可避免地受到各种不良信息的影响，这就在一定程度上增加了高校德育的难度。因此，要提高高校德育的效率，就必须不断探究学生的个性特点及德育的特点，并在以人为本理念的指导下，制订切实可行的教学计划和进度规划。

高等院校的主要目标是为社会各界培养高素质人才，这就要求大学生不仅要具备合格的专业素质，还应当具有正确的世界观、人生观和价值观。因此，高校德育不仅关系到大学生的身心发展，更影响我国社会主义现代化建设事业的开展。高校要培养高素质的复合型人才，提升大学生的综合素质，就必须全面探究大学生的个性特点、兴趣爱好、年龄特征等要素，在此基础上提升德育的针对性和实效性，真正做到以人为本，尊重大学生在德育过程中的主体地位，切实提升大学生的道德素养。

一、当前高校德育存在的问题

（一）教学形式过于单一

在德育内容选取方面，大部分高校过于重视现实的政治宣传需要、社会对大学生的品德要求，却忽视了大学生的个性发展特点和实际的生活需求，未能根据大学生的主体性制订有针对性的德育计划，这也在一定程度上影响了德育的实效性。此外，大部分高校德育依旧采用传统教学模式，课堂教学以讲授为主，教师无法及时了解大学生在生活和学习过程中遇到的各种疑问和困惑，不能及时掌握大学生的思想动向，也不能给予有针对性的指导和帮助。在这种单一、僵化的教学形式下，师生之间缺少互动，大学生的参与积极性较低，德育效果得不到保证。

（二）德育内容忽视学生的内在需求

当前，大部分高校的德育内容主要包括以下几方面：首先是集体主义、爱国主义等政治道德教育；其次是大学生基本道德教育；再次是人格教育和心理健康教育；最后是世界观、人生观、价值观等信仰教育。总体而言，高校德育内容侧重于意识形态教育，而且有一定的泛化倾向，对大学生的人格特点和个性发展需求关注较少。德育内容多考虑社会需求，忽视了大学生的主体性，导致德育内容和结构不合理。

（三）德育过程忽视学生的主体地位

在传统德育模式影响下，许多高校在德育过程中忽视了大学生的主体地位，教师只一味地讲解和灌输道德规范和理论知识，没有充分考虑大学生的道德现状和心理需求。大学生在德育过程中始终处于被动、服从的地位，这显然无法充分调动大学生的参与积极性，不利于提升大学生的综合素质和道德素养，难以将道德规范内化为大学生的道德情操。

二、以人为本理念下高校德育新模式的实施策略

（一）树立以人为本的教育理念

高校德育的最终目的是完善大学生的人格，端正大学生的品行，实现大学生的全面发展。因此，德育必须坚持以人为本的理念。切实考虑大学生的身心发展需求，尊重大学生思想意识形成的规律，并通过师生互动和交流，将正确的法治观念、思想意识、政治观点、道德要求逐渐转化为大学生的内在素养，进而帮助大学生树立正确的世界观、人生观和价值观，促使大学生

发展成为先进文化和社会主义事业的建设者与开拓者。此外，随着社会的不断发展以及知识经济时代的到来，社会各界对人才的要求越来越高，大学生不仅要积极学习和掌握各种专业知识与技能，还要不断提升自我修养。这就要求高校德育应当秉持发展理念，切实关注大学生的长远发展，培养大学生的判断力、创造力、意志力和亲和力，引导大学生树立终身德育理念，自觉提升自身的道德素质。

（二）创新道德教育方法

首先，要采用实践法，将德育内容与生活实际有机结合在一起，引导学生在实践中逐步提升自身素养。比如，高校可以组织大学生进行调查、参观、志愿活动、实际锻炼、扶贫帮困等活动，以便增强德育的生活化、人性化、自主化和动态化。在德育过程中，教师应当承担起引导者和组织者的责任，加强师生互动，并随时关注大学生在德育实践活动中的表现，进而给予正确的评价和引导。

其次，要运用案例教学法。运用案例引导大学生及时了解社会热点问题，并对其进行道德思考和探究，提升学生自身的道德思维能力，使学生及时走出道德误区，正确解决在就业、学习、生活、人际交往等过程中存在的困难和疑惑。

再次，要采用咨询教育法。教师应当通过个体心理咨询，及时了解大学生的道德疑惑和难题，并给予帮助和引导，增强大学生自主解决问题的能力。教师既可以针对某一德育问题进行整体调研，也可以对某一个学生进行全面的探究和了解，通过多样化的咨询和调查，提高德育的全面性。

最后，要采用自我教育法。以人为本的教育理念不仅要求教师要关注大学生的个体发展，还要激发大学生的主观能动性。教师要切实改变大学生在德育过程中的被动状态，鼓励他们主动学习，让他们自觉加强道德修养，进而提升是非判断能力、善恶分辨能力，自觉抵制不良信息的干扰，不断规范自身行为，加强自我管理，实现主动发展。

（三）改革德育课程设置

第一，德育课程应当改变以往传统的灌输式课程模式。传统德育模式过于关注知识的讲解和传授，观点鲜明且时间集中，使大学生在德育过程中产生强烈的被动感，这显然不利于提升大学生的德育参与积极性，甚至会扼杀大学生的思考兴趣。所以，高校德育课程设置应当采用问题探讨式教学模式，针对当前社会的热点问题或大学生生活和学习过程中容易遇到的问题，进行专题探讨，以小组为单位展开讨论。这样既可以极大地提升大学生的学习兴趣，还可以帮助大学生巩固和运用德育知识。

第二，要加强德育知识的内化和渗透。目前，我国大部分高校的德育课程仍然要求大学生接受既定的和公认的道德信仰，很少涉及或安排大学生深入探究道德伦理问题和案例，对大学生的道德思维能力关注较少。因此，高校德育课程应当通过多种渠道加强渗透，将个性教育和共性教育、专业教育和现实教育、课堂教育和课外教育有机地结合在一起。

（四）构建良好的德育氛围

要提升德育实践的效率，还应当构建良好的德育氛围，鼓励学生根据社会公德规范，积极参加各项德育活动，并在参与过程中进行自我感悟、自我控制、自我体验、自我评价，自觉调整自身的道德理念和行为。德育最终要依靠大学生对知识和理念的内化来实现，因此，当大学生已经具备一定的知识水平、心理素质和逻辑思维能力时，教师就应当构建有利的德育氛围，并鼓励大学生开展自我教育。高校应当加强校园文化建设，营造良好的校园文化氛围，创设良好的育人环境，促使大学生在日常生活中自觉学习和领会党的各项政策、方针和路线，坚定政治立场。健康、丰富的校园文化和活动可以使大学生在潜移默化中自觉接受道德教育，进而实现道德的提升和人格的升华。

高校可以根据自身条件和学生需求，开展多样化的德育活动，营造德育氛围。例如，邀请校园内外的先进人物举办道德教育讲座，以榜样的作用引导大学生自觉加强道德教育；利用校园广播、网站、公众号等，宣传先进人物和事迹；针对某一社会问题或现象开展辩论赛，让大学生在参与辩论的过程中进行德育内化；在"文明礼貌月"举办图片展，展出各种德育活动的照片等。这些活动一方面可以增强德育活动的多样性，提升大学生的参与兴趣；另一方面也可以营造积极、健康的德育氛围，让大学生随时随地接受道德教育，增强德育的灵活性和时效性。大学生在这种德育氛围和环境中可以不断地进行自我调整、认识、比较和控制，进而不断完善自我和净化心灵，增强自律能力，树立远大、崇高的人生目标，为社会经济文化发展贡献力量。

第六节　网络时代下高校德育工作模式

网络技术的进步促进了网络德育工作的开展，同时也引发了一系列的网络德育问题。基于此，高校在进行德育工作的过程中，需要从培养学生自律意识的角度出发，从自身德育网站建设的角度出发，从高校网络监管的角度出发，明确网络环境下德育工作的新要求、新办法，进而培养更多道德品质高、能力强的社会主义建设人才。

一、网络环境对大学生德育工作的影响

（一）积极影响

首先，网络环境下德育的主体具备"非主体性"。在网络环境下，学生接受教育的渠道被拓宽，受教育过程中的被动性被弱化，学生能够在更为平等、民主、自由的形势下接受德育教育，因此他们接触德育内容的意愿更强。

其次，网络环境下的德育内容更全面，学生具备广阔的选择空间。从教育者的角度来说，紧跟时代潮流以掌握新潮的教育内容，系统地了解德育体系以保证教授内容的全面性，是教育工作开展的必要条件。网络环境下信息渠道的拓宽为德育新知识的补充提供了更多的可能性，使德育工作的系统化和与时俱进成为可能。

最后，网络化的发展促进大学生的思想观念不断更新。科学思想作为社会进步的主要支撑，能够为社会发展提供精神力量。互联网技术作为新世纪有力的生产动力，能够提高大学生的思维能力。

（二）消极影响

首先，网络文化具有多元性，大学生接受的德育信息较为复杂，网络上出现了一些以"民主"和"人权"等为幌子的错误言论，也有一些攻击中国特色社会主义意识形态的行为。这些错误言论和行为将会对大学生的思想造成严重影响，导致某些功利主义、个人主义价值观的形成，不利于社会基本意识形态的良好发展。

其次，网络中一些色情内容、垃圾信息等极易对大学生的思想造成影响。在此情况下，价值观尚未完全形成的大学生有可能因为过度浏览不良信息，致使身心受到不良的影响。

再次，网络的虚拟化环境给大学生提供了交流空间，同时也转变着人们在现实生活中的交际方式。过分沉迷于虚拟环境，有可能导致大学生漠视周围的生活环境。另外，网络环境本身的匿名性也使得高校缺少对大学生网络行为的必要监督，进而导致有些大学生在校园网站中发布低俗信息。

最后，网络"黑客"泛滥和网络安全监督机制的不健全可能使大学生形成以侵入他人网站、传播网络病毒为荣的思想，如 2007 年出现的"熊猫烧香"电脑病毒，就对社会造成了严重的负面影响。

二、网络时代下大学生德育工作模式的优化

（一）加强网络道德教育，培养大学生的自律意识

为了保证德育工作的有效开展，各高校首先需要从网络德育工作入手，增强大学生的自律意识，提高大学生的自律能力。例如，各高校可以借助中国知网的"查重"功能来处理学术不端的行为，减少论文抄袭的现象。另外，在大学生军训的过程中，也要加强思想品德教育和学术道德教育，促进学生道德品质和学习能力的共同提高。

（二）提高网络意识，加强德育网站建设

从高校自身发展的角度来说，提高网络意识，能够保证高校的教育内容与时俱进，帮助学生在各项方针政策的指导下树立良好的价值观。高校需要从德育网站建设出发，一方面建设具有丰富、正确的政治内容和文化内容的网站系统，帮助学生树立科学的价值观；另一方面则可以借助网络教育活动，增强教学互动。

（三）加强对网络的管理，加强对大学生的网络法制教育

高校应该设立机构，专门进行网络德育内容的宣传和检查，尤其重视对大学论坛等平台的监管，对学生中某些不规范的行为及时制止和教育；要争取相关部门的配合，借助公安机关的力量，对破坏校园网络安全的不道德行为予以及时、严厉的打击。

（四）营造德育氛围

要想加强对学生的德育教育，就应该营造良好的课堂氛围，熏陶学生提升自身的德育水平，比如，设立德育标语，在潜移默化中使德育产生意想不到的效果。此外，还可以提升大学德育课堂的教学质量，引入新型德育教学模式，创新德育教学方法，如举办德育知识大赛，调动学生学习的积极性，这样才能保证我国高校课堂德育教育的作用。

（五）强化"两课"建设

所谓"两课"，就是大学德育课堂中的理论知识与实践活动。理论知识是大学德育发挥课堂优势的基础，只有做好了理论知识的教学，才能保证下一步工作的顺利开展，这就需要教育工作者提升自身的能力，完成好大学德育课堂教学任务。

做好课堂理论知识的教学只是"万里长征"的第一步，大学德育课堂教学还应该加强实践活动教学，只有让学生真正投入到实践活动中，才能发挥课堂教学在大学德育中的作用。具体实施方式有：组织大学生到红色纪念馆参观、举办"走进社区，关爱老人"活动等。

第七节 高校"三全育人"德育工作模式

高校思想道德课程教学是培养大学生思想道德素质的主渠道，对推进"三全育人"具有深远的意义。本节针对当前高校德育工作的主要困境，结合高校"三全育人"的工作要求，研究高校构建"三全育人"德育模式运作机制的具体策略，旨在促进高校思想道德教育创新发展，为国家培养德才兼备的优秀人才。

高校肩负着人才培养的重要使命，要更新教育观念，转变教育方式，为国家培养德、智、体、美、劳全面发展、担当民族复兴大任的时代新人。面对瞬息万变的国际形势和日益频繁的文化交流，高校要围绕"培养什么人、怎样培养人、为谁培养人"的根本问题进行研究，以立德树人为中心，构建"全员育人、全程育人、全方位育人"的"三全育人"教育体系，让每个人都参与到教育活动中，将育人工作贯穿大学生学习生活的全过程以及大学生发展的各个环节，形成强大的教育合力，进一步增强思想道德教育的实效性，促进大学生的健康发展。

一、当前高校德育工作的主要困境

（一）德育工作没有得到充分重视

从具体的教育实践来看，德育工作并没有得到充分重视，有时流于形式。部分教师只看重学生的专业课成绩，认为德育工作是思想政治课教师的事情，忽视了自己在德育工作中的重要责任。

（二）德育方法比较落后

随着社会政治、经济、文化的快速发展，高校德育工作的环境、对象、内容等方面都发生了明显的变化，传统"重灌输、轻启发"的德育方法忽视了大学生的实际想法，不适应大学生个性化成长的需求，也不符合新的时代要求。

（三）师生关系疏远

思想道德教育的本质是让受教育者产生道德情感，自愿认同并遵守社会规范，这要求德育工作者遵循以人为本的理念，关注学生的心灵，关注学生的道德情感和人格发展。从实际的德育情况来看，师生关系有时比较疏远，缺乏情感的交流与共鸣，德育的实效性不佳。

（四）互联网的冲击

互联网是一把双刃剑，一方面，网络可以拓宽大学生的视野，丰富大学生的文化知识；另一方面，网络上的一些不良信息也可能干扰大学生的思想，影响大学生正确的世界观、人生观和价值观的形成。有些大学生过于依赖互联网，沉迷于虚拟世界，心灵受到腐蚀，荒废了青春和学业。

二、高校构建"三全育人"德育工作模式的策略

（一）始终坚持党委统一领导

党委是高校德育工作的领导核心，负责德育工作中重大问题的研究、德育规划及具体政策的制定，同时负责协调其他部门开展好德育工作。党委只有充分发挥党的领导核心作用，才能凝聚人心，保证德育工作有序进行。高校要构建科学的育人体系，应通过统一的领导，合理的分工，其他部门的通力合作，形成全员育人的格局。

（二）强化高校辅导员和班主任的骨干作用

面对思想尚不成熟、对新事物比较好奇的大学生，高校辅导员和班主任

应该更新思想道德观念，提高自身的综合素质，这是做好德育工作的前提和基础。首先，高校辅导员和班主任要具有深厚的思想政治素养，具备相应的专业知识，深刻把握思想政治工作规律和大学生成长规律，注重发挥先锋模范作用；其次，高校辅导员和班主任要以学生为本，准确掌握大学生的所思、所想，切实解决大学生遇到的实际困难；最后，高校辅导员和班主任要承担起大学生人生导师的重任，引导大学生树立正确的世界观、人生观和价值观。

（三）发挥"两课"教师的主导作用

马克思主义理论课和思想品德课是对大学生进行系统思想政治教育的主渠道与主阵地。大学生正确的世界观、人生观和价值观的形成主要依靠"两课"教师，德育的效果在很大程度上取决于"两课"教师的思想政治教育，因此，"两课"教师在高校德育工作中发挥着主导作用。"两课"教师必须努力提高自己的理论素养，丰富自己的专业知识，改革教学手段和教学方法，激发学生的学习兴趣，深化学生对思想道德理论知识的理解。同时，"两课"教师要注重完善自己的人格，用自己的人格魅力感染学生，影响学生，鼓舞学生，进一步提高德育效果。

（四）发挥后勤人员的服务育人作用

后勤工作是高校工作的重要组成部分，要重视发挥后勤人员的服务育人功能，增强德育合力。首先，高校后勤人员要强化育人意识，注重在服务工作中培养学生。其次，后勤人员要加强思想道德修养，因为后勤人员的一言一行都会对学生的心灵产生直接影响。最后，后勤人员要加强理论学习，不断提高自己的思想文化素质，为学生的成长成才创造良好的条件。

（五）强化课堂教育机制

首先，教育工作者要认真抓好课堂教学，充分发挥第一课堂的主阵地作用。德育工作者要达到教书育人的目的，提高教学实效性，就必须充分利用课堂教学环节，切实提高课堂教学效率和教学质量。教育工作者要注重编写高质量的德育教材，构建具有时代性、思想性的教材体系，贴近学生的思想实际；要注重改革德育方法，通过案例教学法、情境教学法等教学方法营造良好的教学氛围，增强学生的道德判断力，提高课堂教学效果。

其次，高校要经常开展各种课外活动，开辟第二课堂。单纯的书本知识需要与实践活动相结合，学生才有可能获得深刻的认知。道德感是在实践活动中产生的，有意义的实践活动能够丰富学生的道德情感，并促使学生将所学的道德知识外化为具体的行为。

最后，高校要经常开展具有创意的校园文化活动，达到润物细无声的德育效果；要深入开展各种社会实践活动，开阔学生的视野，让学生更好地了解社会，提高学生的思想道德修养。

（六）优化环境育人机制

人是环境的产物，良好的环境有利于大学生形成正确的世界观、人生观和价值观，因此高校要注重创设和谐的德育环境。首先，要重视校园物质环境的建设，注重优化校园布局，完善基础设施；其次，要重视校园文化的建设，形成优良的校风、教风和学风；最后，还要高度重视校园网这个自由开放的平台，要占领网络德育新阵地，引导网络舆论走向，用健康的网络文化推动大学生良好的道德品质的形成。

（七）建立大学生自我服务、自我管理、自我教育、自我监督机制

高校德育工作要坚持教育与自我教育相结合，在重视教师的教育引导作用的同时，充分激发大学生自我教育的积极性和主动性，让大学生学会自

我服务、自我管理、自我教育和自我监督，从而增强大学生的综合能力，提高大学生的道德素质，促进大学生健康成长。高校要重视班集体建设，班级是大学生学习、生活的基本单位，是培养学生成为优秀人才的有效载体，优秀的班级具有团结人心、激励学生不断进步的重要作用。班主任要加强班集体建设，定期开展具有特色的班级活动，重视文化育人和实践育人。高校还要充分发挥大学生社团的自主作用。通过参加思想政治类、志愿公益类、文化体育类、创新创业类等各类社团活动，大学生可以培养兴趣爱好，增进同学友谊，加强交流合作，提高综合能力，提升思想道德境界。

第八节　高校生活文化建设的德育工作模式

随着我国社会经济的不断进步，当代大学生的价值观发生了很大的变化，可以说我国大学生的思想状况总体上是积极向上的。然而近年来，教育界出现了"对小学生讲爱国主义、对中学生讲集体主义、对大学生却不得不讲行为规范"的现象，这不得不引起高校德育工作者的深思。从 2004 年起，我国各级各类高校都进一步加大了德育工作的力度，并在德育内容、德育方法及德育效果的评估等方面做出了大胆、有益的探索与尝试。但近几年来的德育实践充分表明，学生整体的思想道德水平并没有明显提高，德育效果也不够理想，因此，对新时代高校德育工作有效开展的新途径和新模式的相关研究具有重要意义。

一、对生活德育及生活文化的认识

目前，我国高校德育从某种程度上讲仍处于"重知识灌输，轻道德实践"的状态，难以取得实效。校园生活是大学生在校园中生存的基本形式，也是社会生活的部分缩影和学生接触社会的桥梁。德育作为德行养成的教育，与生活有着密不可分的联系，它必须以生活为基础。德育的环境建设也应当关注生活、体现生活、引导生活，从而提升生活。据此，高校提出了校园文化背景下的生活文化德育论，即从生活文化的角度构建德育环境，引导大学生在当下的现实生活中从最熟悉的生活环境和喜闻乐见的元素中受到教育。因而，大学校园的生活文化建设不仅仅是德育的基础，也是德育的途径和目的。

高校生活文化是指在校园文化中所特有的、关乎学生生活的各种有形的物质环境和无形的文化氛围，学生的宿舍、教室及食堂等构成了学生生活文化最重要的场所，而寝室文化、教室文化和饮食文化这三个最主要的模块共同构建了全新的现代高校校园生活文化体系。

鉴于此，高校提出以生活文化建设为切入点，以学生的日常生活为出发点，并依托高校已开展多年的相关实践活动，不断总结提升，创建高校后勤与"党团学"共建育人的新平台，探索后勤服务育人的新模式，同时开展有本校特色的、源于校园生活又作用和指导校园生活的、有普遍参与性的、贯穿大学生在校生活的文化建设，以实现高校德育"春风化雨，点滴入土"的育人效果。

二、生活文化建设丰富了后勤服务育人的内涵

随着高校后勤社会化步伐的加快，高校后勤逐步与优质化服务接轨，这迫使后勤要不断引进先进的企业文化和服务理念，要不断提高服务水平。生活文化作为社会环境的缩影和延伸，将成为高校校园文化和德育的重要组成部分。而当代大学生作为高校后勤的主要服务对象，他们成长环境的不同以及他们对优质服务的需求，也使得高校校园文化中的生活文化内容越来越重要。因此，高校设置的以生活文化建设为平台的德育教育模式，就是要坚持以人为本，以大学生的现实生活为出发点和落脚点，关注大学生思想政治教育和德行养成的德育教育隐性路径。

当前国内部分高校的校园文化活动也已涉及生活文化的层面，许多教育者也已将德育的目光从传统的课堂和"党团学"活动逐步转向宿舍，不少高校还开展了"辅导员定期入宿舍"等相关活动。

借鉴国内一些高校的先进经验和做法，笔者提出了从生活文化建设的角度构建德育的新模式，克服了忽视学生现实生活的滞后型、低效型、封闭型德育模式的局限，强调将大学生作为生活主体，发挥他们在德育中的主体参与性，同时也使服务者和大学生之间无论在自身成长还是校园建设上都构成双向激励关系；还拓展了服务育人的内涵，强调高校后勤服务育人功能必须体现在实际工作中，突出后勤服务对育人的潜移默化功能，并坚持以文明的言行影响人，以文明的服务塑造人，以先进的文化理念感染人。

三、生活文化建设在后勤服务育人方面的实践应用

北京中医药大学将原有与生活文化相关的优秀"党团学"活动与后勤服

务项目整合，形成以后勤为主、多部门联动的"生活文化节"品牌活动的相关运行机制。

北京中医药大学将原有的宿舍文化、教室评比和美食节等单项活动的目标和资源进行整合，并以后勤处为主导，举办了"享受校园时光，弘扬生活文化"第一届生活文化节。这种生活文化建设不是从活动本身着眼，而是从育人的实效和学校的整体发展着眼；这种生活文化建设的着力点是通过后勤与"党团学"联动育人机制的建立，有效地、全方位地、人性化地创建高校思想政治教育隐形育人和服务育人的路径；这种生活文化建设的目的是使学生成为德育的主人，让高校德育工作更加贴近生活实际；另外，这种生活文化建设可以让学生亲自体验自身参与生活文化节前后的成长和变化，使学生从生活环境中潜移默化地感知和接受德育，并通过双向反馈机制，形成多部门联动的品牌活动、联合育人的良好机制。

将生活文化节中的实践内容与后勤的服务内容进行整合，实现德育与后勤服务共建，使后勤服务人员与大学生共同成长和提升，形成双向激励的机制。

该校进行的生活文化建设融合了校园文化的多方面内容，不仅强调了德育与生活环境的相关性，以养成教育作为德育工作的切入点，更注重将校园生活和社会现实生活紧密联系，将学生德育与后勤服务工作、学生和服务者以及学生活动与其生活环境的建设密切结合起来，使学生能够参与到后勤服务中来，深入了解后勤服务管理和学校建设的过程，并进一步将学生真实合理的需求、意见和建议体现在校园后勤服务管理和建设中。

此外，生活文化建设作为后勤员工培训和再教育的良好平台，促使后勤员工通过与学生共建，不断提高自身素质和服务质量，以进一步达到服务育人的目的。同时，后勤服务质量的提升又反作用于学生的成长，构成服务者和大学生的双向激励机制，从而使后勤服务能真正从大学生的生活需要与社会需要的角度出发，最终使学校后勤的发展、后勤员工素质提高和大学生成长三者达到动态的良性循环。

北京中医药大学首届生活文化节的设计，是校园生活文化节整体项目和不同模块的单个项目活动的优化组合。通过寝室文化节、饮食文化节和教室文化节等具有丰富内容的子项目，选取了"食堂—教室—宿舍"三个学生最熟悉的生活环节开展系列活动，既结合了学校的专业特点和校园文化的特色，又将不同层面的生活文化优化组合以达到协同作用，从而形成良好的生活育人的德育环境，并创建和谐的、富有该校特色的校园生活文化氛围。

在饮食文化节中，开展了"'谁不说咱家乡好'——各地饮食文化及现场菜肴制作大赛""食堂满意度问卷调查及最喜爱的菜肴评选活动""中医饮食养生系列讲座"等系列活动，并设立了双向反馈机制。员工与学生共建活动，有效地搭建了师生沟通和交流的平台，使学生主动地参与到食堂的优化和管理工作中，同时也使后勤员工能及时接受学生的反馈评价以不断提升服务质量。

在教室文化节中，开展了"教室和公共区环境设计大赛""节约环保金点子大赛""五行原理在环境养生中的作用系列讲座"，并发起了"吾爱吾师"等尊师重教系列活动。

在一系列活动中，学生通过参与教室的维护与管理，并以教室为主题开展相关活动，营造出课堂内外的"教室"育人环境，这样可以加强学生的班级文化、教室文化建设，同时又全方位地调动了学生的积极性，使其自觉地参与教室建设，积极主动地在教室中开辟了专业学习的宣传阵地，并主动为教室建设献计献策。

在寝室文化节中除了开展原有活动，如寝室环境卫生评比、手工艺作品大赛、宿舍文化建设大赛、宿舍征文大赛以及师生交流会外，还制作发放了《宿舍成长手册》，引导每一名学生关注宿舍文化建设和自身成长的关系，增强学生自我激励和自我约束的能力，引导学生结合专业特色，发挥专业优势，重点开展宿舍文化内涵建设。同时，该校还开展以宿舍长为核心的宿舍环境和宿舍文化建设，并设立宿舍管理员与学生定期反馈自查、检查情况的机制。

通过生活文化节，在"党团学"等多部门的联动作用下，该校的后勤部门直接引导并组织德育活动，通过学生和后勤员工的共同参与和互动，既让学生受到了教育，又增进了服务者与被服务者双方的友谊，新模式还改进了后勤服务育人的机制，改善了后勤服务环境，特别是人文环境。学生和后勤服务者共同成长，服务育人效果更加明显。

四、生活文化建设应用于后勤服务育人的体会与建议

（一）后勤部门要与"党团学"等部门联动

后勤服务在广大师生校园生活的一线，服务在学校重要的德育和生活文化的阵地中。尽管如此，学生活动本身并非后勤工作的强项，因此，以后勤为基础，与"党团学"部门联动举办服务育人工作中的各项活动，是生活文化建设成功开展以及全员育人工作理念得以实施的不可或缺的重要途径。

（二）后勤部门还需进一步加强自身建设

服务育人是后勤部门一贯追求的目标，但高校的后勤队伍因建设情况不同及员工素质差异等因素，自身具有一定的局限性。生活文化建设能主动

实现后勤服务育人功能，促进后勤部门开展自身建设，同时后勤人员也需要主动地、创造性地开展工作，同时不断提高自身素质，以实现与生活文化建设的共同发展。

（三）学校应该建立生活文化建设长效机制

生活文化建设的核心内容是在不同生活文化模块统一整合后的协同作用下产生德育育人的环境。北京中医药大学通过生活文化节在德育工作中取得了一定的效果，在校园文化中搭建了以生活德育为主的活动平台，然而如何将其长期贯彻于后勤服务育人工作理念的实践中，是该校遇到的关键问题。因此，笔者建议将生活文化建设项目，及其实现后勤服务育人新功能的机制和模式等逐步纳入学校政策并形成规划，建立长效机制。

第三章　高校德育工作的实践应用研究

第一节　校园情景剧在高校德育工作中的应用

中共中央印发的《公民道德建设实施纲要》（以下简称《纲要》）指出："学校是进行系统道德教育的重要阵地。各级各类学校必须认真贯彻党的教育方针，全面推进素质教育，把教书与育人紧密结合起来。要科学规划不同年龄学生及各学习阶段道德教育的具体内容，坚持贯彻学生日常行为规范，加强校纪校风建设。要发挥教师为人师表的作用，把道德教育渗透到学校教育的各个环节。"从中可以看出德育在学校教育中的重要地位。

学校是道德教育的重要阵地，具有育人的重要职能。校园情景剧是反映校园生活情景的剧目，它通过角色扮演的形式呈现学生在校园生活中出现的问题，进而解决问题，从而提高学生的心理健康水平以及思想道德素质。在高校德育工作中应用校园情景剧的方法，不仅可以起到教育引导学生的作用，还可以帮助学生在实践中形成道德行为规范，从而提高德育效果，促进学生健康成长。

一、当代大学生思想品德的现状

（一）大学生的思想政治素养有待提高

当今社会发展迅速，文化呈现出多元化的特点，各种各样的信息纷繁复杂。部分大学生的政治意识、大局意识、核心意识和看齐意识淡薄，个人意识和自我观念比较突出。同时，社会上的一些人受外来腐朽文化的侵蚀，发出了一些不符合社会主义主旋律的声音，比如，污蔑中华传统文化、革命文化、中华民族英雄人物等不当言论，带偏了大学生的思想政治意识，这些都说明大学生的思想政治素养还有待提高。

（二）大学生的社会公德意识有待增强

社会公德是人们在社会中生活必须遵守的道德准则和行为规范。《纲要》指出：“要大力倡导以文明礼貌、助人为乐、爱护公物、保护环境、遵纪守法为主要内容的社会公德，鼓励人们在社会上做一个好公民。”当今社会上还存在一些违反社会公德的现象，如不爱护公物、不遵守社会秩序、不爱护公共卫生等。在大学生群体中也普遍存在着教室乱扔垃圾、食堂买饭插队、宿舍晚归、午休时间大声喧哗、不爱护学校公物等现象，大学生的社会公德意识还有待增强。社会公德体现出社会的文明程度，在高校体现的就是德育工作的效果。

（三）大学生的个人品德水平有待提高

进入 21 世纪，我国经济飞速发展，但区域经济发展不平衡，城乡之间经济还存在着较大差异。在大学里，学生之间的家庭情况也存在着较大差异，大学生的世界观、人生观和价值观也存在不同。在大学生身上不同程度地存在着拜金主义、享乐主义、自私自利等思想，如为了购买高档奢侈品或满足个人私欲，不惜在不良网络平台贷款；为获得奖学金或助学金，在同学中发表一些不当言论；平时学习不努力，期末考试想尽办法作弊；毕业时为了丰富个人履历，在求职简历中"注水"等。由此可见，大学生的个人品德水平还有待提高。大学生的品行不仅反映了大学生的个人品德，也直接反映了高校的育人效果。

二、校园情景剧在高校德育工作中的实践及应用方式

校园情景剧通过剧情演绎的形式，促使参与者对生活当中的负面事件进行思考，反思行为、化解冲突，提高学生分析问题和解决问题的能力。将校园情景剧应用到高校的德育工作中，可以在一定程度上提高德育效果，具体实践及应用方式可以从以下方面展开：

第一，高校要深入挖掘典型素材，编写具有德育意义的剧本。校园情景剧应该从大学生德育方面存在的典型问题出发，寻找题材，从大学生的实际生活出发，选取具有代表意义的事件编写剧本，这样才能引起学生的共鸣，从而达到德育的效果。例如，可以寻找大学生政治信仰缺失的典型案例、大学生社会公德心缺失的典型案例、大学生个人品德方面广泛议论的话题等。特别是可以将网上有关青年人的热点事件改编成德育剧本，这样更能吸引学生的眼球，激发他们的参与兴趣。高校还可以将学生的美德故事编成德育剧本，通过榜样的力量触动更多学生的心灵，激发学生身上的正能量。

第二，高校德育工作者可以发动学生寻找身边能够弘扬中华民族创造精神、奋斗精神、团结精神、梦想精神、改革开放精神、劳动精神、劳模精神、工匠精神、优秀企业家精神、科学家精神的相关故事，将这些故事改编为德育剧本。除此之外，还可以通过高校组织的青年志愿者活动、公益爱心

活动打造一些德育精品项目，利用团队的力量，唱响社会主义主旋律，号召广大学生努力践行社会主义核心价值观。

第三，高校要开展周末剧场德育剧演出活动，为学生营造良好的校园德育氛围。为了丰富校园文化生活，给学生更多的文化熏陶，营造良好的校园德育氛围，学校可以将周末剧场德育剧演出活动作为学校的常规活动。德育剧不仅可以给学生营造一种轻松、愉悦的氛围，缓解学生学习生活带来的压力，还可以通过演出活动给广大想参与表演的学生一个展示自己的舞台。学生参与德育剧的表演或观看演出都可以让他们更加直观地接受道德教育，使身心得到洗礼，可以获得更好的教育效果。

第四，高校要集合各方面力量组成德育工作小组，共同打造德育精品剧目。高校的育人工作是一项全员参与的系统工程，只有集合各方面的力量才能做好大学生的德育工作。高校要想通过校园情景剧的方式达到德育工作的效果，需要集合全校优势资源组成德育工作小组，例如，学校负责意识形态工作，负责校园文化工作的领导教师、思想政治理论课教师、辅导员、班主任等共同参与进来。德育工作小组应该共同拟定校园情景剧的德育方法或制定德育工作的制度规范，尤其是当德育剧本被编写完成的时候，德育工作小组应该共同评选优秀剧本，然后组织学生依照剧本表演，根据学生的演出效果进一步修改与完善剧本，努力打造出德育精品剧目。

第五，高校要做好德育精品剧目在校园内以及社会上的宣传推广工作。全校师生共同努力所打造的德育精品剧目不仅应该在校内宣传，更应该在校外进行宣传推广，特别是要在新媒体平台上宣传推广，扩大学校德育剧的影响力，从而为学校、为社会营造良好的德育氛围，也能够更好地实现宣传工作的使命。拓宽广大学生及人民群众观看德育精品剧目的渠道，有利于在社会中营造正确的舆论导向，引导人民群众树立正确的理想信念、价值理念和道德观念。

三、高校德育工作中应用校园情景剧的作用及意义

在高校的德育工作中运用校园情景剧，可以取得良好的德育效果，具有重要的作用及意义。

第一，校园情景剧的应用创新了高校德育工作的方法，增强了德育工作的实效性。2018 年 5 月 2 日，北京大学师生座谈会的会议精神之一就是："要把立德树人的成效作为检验学校一切工作的根本标准，真正做到以文化人、以德育人，不断提高学生思想水平、政治觉悟、道德品质、文化素养，做到明大德、守公德、严私德。要将立德树人内化于大学建设和管理各领域、各方面、各环节，做到以树人为核心，以立德为根本。"高校的德育工作要增强实效性。然而，高校的德育工作是一项复杂而又系统的工程，传统的教育方式已经跟不上新时代背景下学生的心理特点及发展要求，高校需要探索一条更能为学生所接受的教育途径。校园情景剧通过剧情演绎增强了大学生的参与性，更能让学生在实践中获得成长，取得德育效果，体现出高校德育工作方法的创新，同时也增强了德育工作的实效性。

第二，校园情景剧的应用可以帮助大学生发现问题、解决问题，改变不健康的心理状态。校园情景剧演绎的就是学生在生活中出现的矛盾冲突，学生在演绎校园情景剧的同时，也在思考如何更好地去解决矛盾。在解决问题时，扮演者能够体验角色的内心情感，观众也从表演中感受自己内心的改变，学会改变自身存在的不健康心态。学生在实践中提高了思想认识和心理健康水平，学校也达到了德育目标。

第三，通过角色扮演，校园情景剧可以促进学生间的沟通，提高他们的人际交往能力。学生在角色扮演的过程中会深入研究剧中人物的语言动作、情绪变化和心理特点，并相互交流如何更好地塑造人物的性格特征。学生通过角色的扮演与交流，学会了如何更好地进入角色，更好地解决矛盾冲突，正确地看待与处理生活中出现的问题。在角色的演绎过程中，学生学会了站在他人的角度思考和分析问题，可以改善以自我为中心的人际交往模式，从而提高学生的人际交往能力。

第四，校园情景剧可以帮助大学生养成良好的道德行为规范，拥有健康的心态。校园情景剧通过剧本的巧妙构思和演员的精彩演出，可以给观众带来直观的视觉感受，促使观众深入剧情，逐渐领悟校园情景剧的教育意义。通过校园情景剧，学生在参与演出的同时可以提高思想觉悟，在观看演出的过程中可以使心灵得到洗礼，有利于培养学生良好的道德品质，使学生形成健康的心态和良好的道德行为规范。

大学生的德育培养是高校的一项重要工作。随着社会主义核心价值观在全社会的大力推广，高校也进一步明确了新时代大学生德育工作的方向。在新形势和新的时代背景下，高校运用校园情景剧并将其作为德育工作的实施途径是一项创新举措。校园情景剧来源于大学生的生活情景，贴近大学生的日常生活，更能走进大学生的内心，深受广大学生的欢迎，可以取得更好的德育效果，具有重要的育人意义。

第二节　德孝文化在高校德育工作中的应用

作为中华民族的优秀传统文化，德孝文化源远流长，是千百年来中华民族智慧的结晶，是个人、家庭、社会发展的多元文化核心，对新时代高校德育工作的开展也具有重要作用。将德孝文化资源与高效德育工作相互融合，既是对优秀传统文化的传承，也是提升高校大学生道德素养的必然要求。以德孝文化为依托推进德育工作，有助于提高高校大学生的道德素养。

德孝文化作为中华民族优秀传统文化的重要内容之一，具有很强的生命力和现实意义。山西省运城市作为德孝文化的发源地，从 2010 年起至 2020 年，已经成功举办十一届"中国·运城舜帝德孝文化节"，不仅取得了良好的社会效果和广泛的社会影响，而且为运城市各高校大学生德育工作提供了动力。

如何结合新时代特征，将德孝文化资源融入高校德育工作过程中，是各高校急需解决的问题。合理、科学地利用德孝文化资源，依托德孝文化开展德育工作，有利于弘扬优秀传统文化与培育民族精神，在实践中提高高校大学生的德育精神。

一、德孝文化的内涵

《史记》中记载："天下明德，皆自虞舜始。"这句话是有关德孝最早的描述。舜以其贤德孝行而闻名，作为五帝之一，倡导"为人、持家、做官、治国"，把道德行为作为最根本的行为基础。当前，虞舜文化渐渐被整合在一起，成为中国优秀传统文化中的重要内容，而虞舜文化的内涵，也在学术界形成了一个共识：舜作为五帝中的最后一位帝王，在时间上承接了文明初始到繁荣发展的阶段，其延伸而来的德孝文化主要体现在以下四个方面：

（一）重道德

中国传统社会的发展以伦理道德为根本，而古代伦理道德的开端正是以虞舜文化为基础的，重德治是虞舜文化的重要表现。舜推崇"父义、母慈、兄友、弟恭、子孝"的思想，以此为根基产生的仁、义、礼、智、信、忠、孝、悌、勇等儒家思想，贯穿中华民族的整个发展过程，也深深地影响了几千年来中华民族的思想。在中国的传统社会中，道德舆论的影响力在很大程度上比法律更深入人心，也因此产生了很多民族英雄。

（二）重入世

入世者讲求以自强的态度面对现实问题。"耕历山、渔雷泽，迁三苗、扩疆域，举贤任能、禅让帝位"等都反映了舜的自我主张，也就是把自己内心的理想与信念转化为生活实践。以重入世的生活态度去面对现实、解决问题是德孝文化的重要体现，这与《易传》中"天行健，君子以自强不息"所表达的中华民族自强不息的精神是一致的。

（三）重和谐

"和而不同，执两用中"的思想主张行教化，通过德行来教化人，使人们形成一种和谐的道德精神并演化为社会统一的道德规范，以此来维护社会的和谐发展。在教化的过程中，舜通过纳谏、惩治奸佞之臣，来达到和而不同的目的；又通过适度折中、反对极端的方法来达到中庸。折中尊崇"和"与"中"的思想，推动了中华民族宽容谦逊等民族精神的形成。

（四）重包容

包容是一种文化源远流长的一个重要特点，也是一种文化生命力的重要体现。虞舜文化与其他任何一种文化一样，通过其特点形成了兼收并蓄、多样性与同一性的有机结合。这种兼收并蓄呈现出一种丰富多样的势态，集中表现在三个方面：大陆文化、农业文化、家国同构的宗法文化。

二、德孝文化的教育价值

山西省运城市以舜帝陵为依托，成功举办了多届"中国·运城舜帝德孝文化节"。各高校以此为基础举办大学生文化节活动，并依托舜帝陵推动德育工作，不仅可以让学生参与实践，也可以形成长期有效的德育工作体系，形成地方院校与地方特色教育资源相结合的范本。

（一）有利于弘扬传统文化

2014 年 2 月 24 日，习近平总书记在中共中央政治局第十三次集体学习时的讲话中强调："要认真汲取中华优秀传统文化的思想精华和道德精髓，大力弘扬以爱国主义为核心的民族精神和以改革创新为核心的时代精神，深入挖掘和阐发中华优秀传统文化讲仁爱、重民本、守诚信、崇正义、尚和合、求大同的时代价值，使中华优秀传统文化成为涵养社会主义核心价值观的重要源泉。"高校德育工作需要在坚持针对性、科学性、有效性的前提下，充分挖掘、利用区域内的教学资源开展教学活动。地方区域性文化资源是高校德育工作的重要组成部分。

（二）有利于大学生形成爱国情感

高校要善于运用德孝文化特色资源，使之成为高校德育工作的重要组成部分。大学生通过参与德孝文化相关活动，能从德孝文化的实践中更加懂得感恩、懂得诚信，准确把握道德素养的内涵，在参与中陶冶情操、充实内心情感，使自己逐渐了解优秀的传统文化，坚定自己的理想信念，提升民族精神与爱国情怀。

（三）有利于优化课程结构

当前高校德育课程虽然经过不断的改革与调整，但仍然是以讲授为主的课堂对话，缺乏生动性和灵活性，不能很好地引导大学生理论与实践相结合。德孝文化资源的引入不仅能够带来强烈的历史感，而且可以更加直观地把历史与德育结合起来，在实现了课程结构优化、教学内容丰富以及学生积极参与的同时，也实现了地方特色资源的自身价值。

（四）有利于拓展教学空间

高校德育工作是一个理论与实践相结合的过程，课堂教学能够给予学生充分的理论知识，学生需要一个真实的环境去把理论付之于实践，在实践中求证与消化。以德孝文化为依托进行高校德育工作，让大学生可以获得一种真实的情感体验，同时，利用德育资源举办相关活动能更有效地把理论知识转化为现实的需要，促进教学空间多样化和教学方式有效化。

（五）有利于增强情感体验

利用德孝文化推进高校德育工作有序进行，不仅方便快捷，而且可以有效解决德育实践困难的问题，同时又可以形成更有特色的教育资源。这种地方特色资源可以让受教育者身临其境，尤其是面对熟悉的地域中不熟悉的历史文化，让大学生观察、触摸、体验历史文化的深厚与伟大，让鲜活的历史再次呈现在大学生面前，增强了德育工作的吸引力和说服力。同时，特定的地方特色资源由于能使教育者与受教育者置身其中、身临其境而具有不可替代的"地域氛围"和近距离的"亲和力"，特别是面对既熟悉而又从未深究的地方文化，大学生可以去观察、考察、调查、体验和访问，在深刻的思想内涵和鲜活的事实面前亲自去感知和体验，这些都有利于增强德育工作的吸引力和说服力。

三、德孝文化的应用途径

（一）深化思想道德理论知识

高校德育工作必须始终坚持马克思主义指导思想，牢固树立中国特色社会主义共同理想，不断发扬以爱国主义为核心的民族精神和以改革创新为核心的时代精神，践行社会主义核心价值观和科学发展观。在德育工作中使用教学资源和教学方法都必须坚定这一宗旨。以德孝文化为依托推进高校德育工作，如通过结合"中国·运城舜帝德孝文化节"这一特色，紧密结合实际，通过特定的、现实的实践教学，将具有内涵和历史传承的文化传授给大学生，帮助大学生树立正确的道德观念。

（二）开展高品位校园文化活动

2010年以来，运城市在全民中深入开展德孝文化实践活动。"进高校"是德孝文化节的一个重要环节，各高校根据"中国·运城舜帝德孝文化节"进程相继举办高校德孝文化节，开展一系列德孝文化活动，号召广大师生加强对德孝文化的学习，加强对德孝文化的理解，在高校里形成"人人孝敬父母、尊敬师长、关爱社会"的良好道德风尚，使学生的德、智、体、美、劳各方面在德孝文化活动的氛围中得到发展。

（三）形成德育工作长效机制

各高校举办校园文化节可以在短时间内掀起德孝文化的热潮，而且文化节过后，德育工作依然需要不断渗透。建立长期、有效的德育工作机制是十分重要的。高校要搭建一个固定的平台，统筹协调好教师的教学工作与德育工作，把大学生社团与当地德孝文化特色资源结合起来，形成固定的德育工作基地。高校可以在节假日组织学生去当地德孝文化基地参观和学习，将德育文化运用到学生实践中，让学生在轻松的过程中提升自身的道德品质。

随着科学技术的发展，网络与新媒体已经成为人们学习和生活不可或缺的助手，青年大学生更易于接受新鲜的事物，愿意通过新媒体这一媒介去学习知识。高校可以设立微信公众号和微博账号，把多样的内容及时呈现给学生，由此提供一些更容易被学生接受的知识。

（四）完善德育工作体系

1．德育工作要坚持以人为本

高校德育工作应该把学生放在第一位，师生以平等的方式进行沟通和交流。以德孝文化为依托的大学生德育工作更应该引导学生开展自主性活动，不能生搬硬套一些传统的活动模式，为了完成任务做表面文章。德育活动应该发挥学生的主观能动性，以引导为主，让学生自行设计、组织、安排活动，让每一个学生都参与进来，给每一个学生展现自己的机会，让学生在自己想要的活动环节中投入情感并产生共鸣。

2．德育工作要坚持走向社会

开展德孝文化活动的过程中，高校应该让大学生积极融入社会活动，如社会道德楷模的选举、老年照料中心的建立、"孝星"选举活动、德孝文化志愿队的建立，这些都能让学生在相应的社会活动中感悟德育的魅力，把自己置身于整个社会中进行思考，在推动个体道德水平提高的同时，实现社会道德水平的提高和发展。

3．德育工作要坚持及时总结

高校德育工作是一项系统性工作，高校教师不仅担负着教导、指引和组织大学生的重任，还必须对大学生设计的一系列活动提出相应的意见，帮助大学生更好地进行各项德孝文化活动。在活动结束后，教师应该积极参与讨论，发现问题并解决问题，通过总结推动下一步工作的开展，同时也可以让德育工作效益最大化。

4. 德育工作要坚持与时俱进

时序更替，思想先行，大时代尤其需要大智慧。高校德育工作应该符合习近平新时代中国特色社会主义思想，按照"因事而化、因时而进、因势而新"的要求，不断发现学生自身的特点，总结德育工作规律，继承和发扬中华优秀传统文化，充分利用德孝文化的特点，结合时代特征，勇于创新、勇于探索，形成具有地方特色的德育工作体系。德育工作要让学生在德孝文化的氛围中实现道德素养的提升，为实现中华民族伟大复兴的中国梦打下坚实的基础。

第三节　微信在高校德育工作中的应用

微信以其新颖的功能设计和实用的服务优势，在为大学生群体的学习和交流提供方便的同时，也为高校德育工作的开展提供了新的载体，同时也为高校德育工作带来了新的挑战。高校应该在结合自身实际、立足传统德育媒介的同时，加强对微信新功能的关注和利用，摒弃负面影响，以"微信热"为契机，不断地反思和改进德育工作。

一、微信的特点以及大学"微信热"的原因分析

（一）微信先进的设计理念

微信以智能机终端为主要平台，为大学生用户提供了成熟的语音、视频、

图片等便捷的聊天功能，实现了多元化社交。同时，微信将手机通信录作为服务核心，创造性地将地理信息位置服务运用到设计中，成为跨网络、跨终端的移动服务平台。

（二）微信强大的应用功能

微信公众号、漂流瓶、附近的人、扫一扫等特色鲜明的服务可以满足大学生快速交流的需求。同时，微信也涉足金融、购物、娱乐、出行等领域，微信钱包的功能极大地方便了大学生的生活。

（三）大学生自身的特点

大学生相较其他社会群体，具有两个突出的特点：一是他们拥有较高的文化素质，二是他们对信息获取具有较大需求。大学生思想活跃，惯于自主发声，微信强大的信息传输功能在很大程度上满足了大学生这一需求。

二、微信为高校德育工作带来的便利与挑战

（一）微信对高校德育工作的积极影响

1．打破了传统德育的单一模式，丰富了现代德育的新路径

传统的课堂教育仍然是目前高校德育工作最主要的方式。课堂教育由于受课时限制以及教师单一理论灌输的影响，已经难以满足当今大学生对具有鲜明时代特色的新知识的需求。而微信的蓬勃发展打破了传统意义上单一的德育形式，朋友圈、公众号、群聊、二维码等功能构建了"一对一""一对多"等多种"接地气"的德育工作模式，逐渐打破了"师生缺乏有效沟通、信息传递慢、师生之间话语不平等"的传统模式，营造出一种良好的德育氛围。

2．拓宽了德育内容的宽度，增加了德育影响的广度

传统的课堂教育主要依托指定教材、指定教师进行教学，教材更新速度的滞后在一定程度上造成了课本与时代大环境的脱节，再加上书本信息承载力有限及课堂时间、空间上的限制等原因，大量的德育教学内容无法及时地传递给大学生；而微信高效的信息承载力和便捷的信息传输功能能够保证教师在课堂教学之后及时将课堂上没有提及的信息传输给学生。微信的实效性也能帮助学生第一时间获取学校有关部门组织的德育活动的信息以及相关要求，大大加强了学校与学生关于德育信息的沟通能力。

（二）微信对高校德育工作的消极影响

微信中的多元化信息增加了高校对大学生思想引导的难度。大学生具有较强的独立思想意识和个性化思维，加上生活阅历和认识水平有限，在面对微信里繁杂的信息时，很难做出合理的筛选和判断，致使长久以来占据主导地位的思想观念越来越受到多元化信息的影响和挑战。同时，由于微信是校外通信公司所建，高校管理者无权对微信用户进行管理，从而容易产生"监控盲区"，这无形中给大学生主流思想的引领以及核心价值观的塑造带来了极大的挑战。

三、"微信时代"高校德育工作的对策

（一）转变传统观念，正确认识微信

高校德育工作者应该充分认识到微信对高校德育工作开展的双向作用，及时把握当下利用微信对大学生进行德育教育的重要契机，努力提升大学生德育教育的时效性和主导性。同时，高校德育教育的主客体均应及时结合

自身实际，全面认识微信的优点与不足。高校德育工作者既不能只看到微信带来的负面影响，也不能一味依赖微信开展网络德育教育，而忽视了传统德育模式的根基作用。

（二）提升师资水平，充实德育内容

高校微信德育平台的构建由于历时短、经验少等原因对高校德育工作者提出了新的素养要求。很多年龄较大的高校德育工作者对微信的运营理念和功能特点等具体方面仍然了解较少，所以德育工作者要培养自己在微信平台上发现问题、分析问题、解决问题的能力以及灵敏的信息嗅觉，变被动处理为主动化解，将深邃的德育理念融入日常微信动态处理中。同时，高校德育工作者应该充分利用"微信时代"信息共享度高、更新快的特点，充分考虑学生实际，增加大学生喜闻乐见、丰富多彩的德育内容，创新德育教育形式，将微信的优势和特点充分运用到日常德育教育工作中。

（三）加强信息监管，夯实制度保障

高校在建立微信德育平台的同时，应该加强专业管理人员的业务培训，提升管理人员的政治素养和快速辨别各类信息的水平，时刻树立问题意识，对微信上与主流思想道德相冲突的信息要及时采取必要措施。学校要建立完备的舆情监控机制和重大媒介事故处理机制，对在微信平台上散播煽动性质言论的行为予以严肃处理，同时广泛号召大学生加强网络自律，文明使用微信。

第四节　大学精神在高校德育工作中的应用

大学精神是大学文化的精髓和灵魂，反映了一所大学的理想和宗旨，它是对大学生进行思想道德教育的一笔丰厚的德育资源。优良而健康的大学精神在大学德育工作中具有导向、陶冶、净化、激励和聚合等德育功能，是我国大学德育教育的优良载体。探讨大学精神的独特内涵和德育功效，对大学培养具有健全人格的高素质人才具有重要意义。

大学生是未来社会的中坚力量，是推动国家发展的精英群体。对大学生开展德育教育，使其具备良好的思想道德和文化素养，是高等教育的责任和使命。这不仅关系到整个中华民族的素质水平，而且关系到整个民族的希望和未来。

近年来，大学生德育问题引起人们的普遍关注。大学生道德问题频繁出现，这与其所处社会的经济制度、文化观和价值观等是分不开的，而大学德育工作也难辞其咎。整合大学中的一切德育资源，探索大学德育的思路和方法，从而实现大学德育的目标，已成为当今我国高校德育工作者必须思考的现实问题。

一、大学精神的内涵

一个人不能没有精神，一个国家不能没有精神，一所大学也不能没有精神。大学精神是大学在长期的发展中逐步孕育形成的、具有独特气质的精神特征，它反映了一所大学始终恪守的办学理念、社会追求和价值取向，是一所大学的支柱、基石、精髓和灵魂。大学精神无论是对大学自身的发展，还是对整个社会的发展，都起着十分重要的作用。

1940 年，我国杰出教育家汤用彤在致胡适的信中这样陈述大学精神：
"世界著名大学，必有特殊之精神及其在学术上之贡献。如果一大学精神腐
化，学术上无长处，则实失其存在之价值。"大学精神是一所大学的生命源
泉与立世之本，具有鲜明的导向、维系、聚合的作用与功能，能保证整个学
校良好地运行，并引领大学朝着积极和健康的方向发展。曾任芝加哥大学校
长的赫钦斯说过："任何时候，大学都是在统一的精神下运作的。只有大学
精神才能使大学作为一个社会组织结构始终存在，大学组织本身才得以正
常运转。"大学精神对大学发展的影响是无形的，又是具体的。一旦大学精
神缺失，大学在人才、思想与知识的产出上都难以取得显著的成效。

毋庸置疑，每所大学都有其独特的精神。虽然在表述上各不相同，但每
所大学的核心主旨是一样的，即办什么样的大学和培养什么样的人的问题。
大学不仅承担着创造知识、传播知识、传承文化的任务，更要以培养人才为
己任，崇尚德才并举。由于大学有相同的任务和使命，所以大学精神也有以
下共同特征：

第一，学术自由精神。大学作为创新知识的重要基地，必须被赋予学术
自由，有知识上自由的交流。任何横加的束缚和干涉，都会影响学术的繁荣。
只有学术自由，学术才能蓬勃发展。法国哲学家雅克·德里达在复旦大学演
讲时指出，大学存在的使命和理由就是无条件地信仰、表达和传播真理。

第二，开拓的创新精神与科学的批判精神。大学不仅承担着传播知识、
传承文化的任务，更担负着追求真理、引领文化，向社会输送人才的重任。
大学只有具备创新与批判的精神，才能迸发出璀璨的知识光辉，培养出最具
创新性的人才。

第三，育人精神。大学是培养人才的摇篮，其最为根本的任务是育人。

大学不但要教育学生如何进行认知和如何做事，更重要的是要教育学生如何做人。我国著名教育家蔡元培曾在《教育独立议》中指出："教育是帮助被教育的人，给他能发展自己的能力，完成他的人格，于人类文化上尽一分子的责任；不是把被教育的人，造成一种特别器具，给抱有他种目的的人去应用的。"育人的重点是培育品德，即培育学生德、智、体、美、劳的全面发展，使学生树立正确的人生理想，引导学生敢于奋斗、善于成才，使学生成为对国家与民族有责任感的人；成为理想远大、坚持真理、勇于创新、自强不息的人；成为知行统一、脚踏实地的人；成为具有远见卓识、品德高尚的人；成为人格健全、德才兼备、全面发展的人。

我国大学经过历史的传承与发展，所凝结的爱国、民主、科学、自由和创新等精神得到了多数学者的赞同，被视为大学精神的共同特征，是大学精神的基本内容，也是大学精神的核心。

二、大学精神的德育功能

一直以来，我国高校把德育工作的重点主要放在道德观念和道德规范等道德知识的阐释上，一味地把思想道德理论灌输给学生，以宣传或说教的方式进行道德教育，忽视了高校与学生道德养成的关系，导致高校德育工作成效不理想。清华大学前校长梅贻琦先生在《大学一解》一文中写道："学校犹水也，师生犹鱼也，其行动犹游泳也。大鱼前导，小鱼尾随，是从游也。从游既久，其濡染观摩之效，自不求而至，不为而成。"大学不仅是大学生学习与生活的场所，更是大学生的精神家园。一所大学的精神和梦想、风范和气度，对大学生行为塑造与养成的功效是无形的。大学精神作为大学最具典型意义的精神特征，反映了一所大学的凝聚力、感召力和生命力，具有导向、陶冶、净化、激励和凝聚等德育功能，是我国大学德育的优良载体，在高校德育中具有不可替代的功能。

第一，大学精神的熏陶和净化作用。学生在学校更重要的是感受文化熏陶，大学精神对学生的影响是潜移默化的。大学精神不仅是一种观念的存在，而且物化于大学的系统之中。学校的学术氛围、校园景观、校风、教风、师德、师风、各项规章制度、教学管理方式等都是大学精神的重要载体。以先进的大学精神为核心，构建高品位的大学环境与文化氛围，能让学生在这种氛围中感悟、理解、思考，进而提升人格、完善自我。

第二，大学精神的价值导向和规范作用。大学精神是一种价值信仰和理想信念，是全校师生共同为之努力奋斗的共同理想，为全体师生发展提供了强有力的、稳定的精神支撑。大学精神为学生提供了正确的价值导向和高尚的精神导向，它以价值观念和行为规范的形式，规范和约束大学生的行为，使学生明确怎样做事、怎样做人，以此影响他们的价值取向。

第三，大学精神的凝聚和激励作用。理想反映了人们对美好生活的向往，人们有了理想才能认清方向。大学精神以其薪火相传的文化灵魂和精神理念，表达了全体大学师生的共同愿望和期待，并将全体师生凝聚起来。有了大学精神，大学的全体成员就有了强大的凝聚力和向心力。昂扬向上的大学精神不仅为全体师生指明了发展方向，形成学校可持续发展的凝聚力和向心力，而且能给人以信念的支撑，能有效地激发、感召学生的信心和热情，达到让学生全面发展的目标。

大学精神与高校德育工作紧密联系，二者相互促进、相互补充。大学德育要借助大学精神而深化，大学精神又依赖大学德育而绵延。大学精神是大学德育的优质土壤，忽视对大学精神的培养，会影响大学德育总体目标的实现。大学精神在培养学生坚定的科学信仰、高雅的文化修养、高尚的道德操守、高度的社会责任感等优良品质方面发挥着重要的作用。

三、新时代德育视野下的大学精神建设

提升具有时代感和生命力的大学精神，努力建设高品位的、符合德育发展的大学精神，是高校的重要任务。根据当今时代的特点和高校德育教育的需要，在新的形势下，大学应该积极培育具有以下三个方面鲜明时代特征的大学精神：

第一，大学在展示自身大学精神的同时，应该体现时代特点。大学精神可以有自己鲜明的特点，但应该和中国梦、中国精神是一体的，这是当代中国大学精神的核心和灵魂。作为社会文化精神的引领者和风向标，新时代的大学精神应该以社会主义核心价值体系为根本，树立以爱国为核心的民族精神和以改革创新为核心的时代精神，并将社会主义核心价值体系贯穿建设与发展的全过程。大学只有把大学精神与国家和民族事业的发展紧密结合，才能真正为国家培养有用之才，为实现中国梦奉献智慧和力量。

第二，大学要高度重视对人的培养，树立人文精神，实现高校德育的价值目标。大学以培养人为天职，人是大学教育的中心，也是大学教育的归宿。大学精神的首要精神应该是人文精神。所谓人文精神，是对人的价值和生存意义的关怀，表现为对人的尊严和价值的尊重，对全面发展的理想人格的肯定和塑造。大学对人的培养应该是全面的，并非只教给学生一种技能，更应该注重人文思想的培养，使学生的德行和智力得到完善和发展，达到全面育人的综合效果。改革开放以来，科技发展和市场经济竞争等社会因素都影响着教育的开展，一种带有实用主义价值取向的教育方式流行起来。一些高校

为了迎合市场需要，将大学视为传授科学知识与技能的主要场所，社会责任、民族使命和道德伦理等人文精神的培育被忽视，这是与大学"德才并举"的培养要求相悖的。当代大学生具有丰富的专业技术知识，但缺少人文知识，这与高校的教育模式有关。无论时代怎样发展，"格物、致知、诚意、正心、修身、齐家、治国、平天下"这一大学理念不能丢。教育不仅具有发展科技、振兴经济等功利价值，也具有人伦教化、文化传递等人文价值。注重人的全面发展，恢复大学的人文性，丰富大学生的精神世界，使大学生能抵抗各种诱惑和冲击，成为精神和谐、人格健全的一代新人，是当前教育亟待解决的问题。

第三，大学要树立大学精神的德育理念，凝聚各方德育资源，建立与大学生成长成才需求相适应的德育体系，以形成整体德育格局。高校德育是一项系统工程。大学精神作为师生共同的核心价值取向和理想追求，切实存在于大学的各种活动和各种文化载体中，具有宏观统领作用，是大学整体氛围的体现。树立大学精神的德育理念，引领形成积极、健康的校园文化，是高校德育工作取得实际效果的重要保证。这就要求高校德育工作者做到：以多元的校园文化生活给高校德育工作注入活力；以高尚的师德、师风引导学生全面发展，形成健全的品格；以具有人文精神的学校制度文化，为学生提供理性的行为规范，完善德育途径；以高品位的校园物质文化和有序、合理、优美的校园环境，陶冶学生性情，实现环境育人。通过大学德育精神的树立，对德育工作进行系统规划，充分发挥校风、校训、教风等大学文化的熏陶、陶冶、渲染、渗透作用，从而将抽象的说教理论寓于具体生动的学习生活中，使广大青年学生自然地接受无形的道德规范，达到行为养成的功效，这是大学德育创新的重要任务。

大学精神作为一所大学的灵魂，是一种独特的精神力量和文化力量，是大学德育的重要资源。利用这一丰厚的德育资源，充分发挥大学精神在德育方面"塑造人、规范人、指导人"的作用和功效，培养具有健全人格和创新、创业精神的高素质人才，对大学德育具有非常重要的意义。立足大学精神的培育和弘扬，重视大学精神德育功能的发挥，以此创新德育思路和方法，是推动高校德育工作发展的一个重要途径。

第五节　团体心理辅导在高校德育工作中的应用

十九大以来，党中央对高校思想政治教育提出了更高的要求，全国高校思想政治工作会议内容强调，要让思想政治教育贯穿教育教学全过程，德育教育作为高校思想政治教育的重要组成部分，显得非常重要。从目前的高校现状来看，传统的德育教学模式已经不适应高校思想政治教育发展的需求。高校应该重视团体心理辅导在高校德育教学中的重要作用。团体心理辅导对改善大学生心理状况有着非常大的帮助，同时，团体心理辅导工作的进一步推进也符合新时代高校对德育教学的发展需要。

受社会、学习、生活、就业、情感等多种因素的影响，当代大学生的心理问题逐渐显现出来，这不仅影响到大学生自身的健康发展，也对社会造成了一定的负面影响，高校应该重视这些问题。团队心理辅导是在团体情景下进行的一种心理辅导形式，以团体为对象，运用相关方法，促使团体内成员之间的交流互动，通过观察、学习与体验去认识自我、探讨自我、接纳自我，调整和改善个体与他人的关系，形成新的行为模式，完善内在人格。有研究表明，团队心理辅导在高校德育教学中有着积极的作用，开展团队心理辅导，有利于大学生的健康发展。

一、团体心理辅导在高校德育工作中的作用

（一）拓宽了高校德育工作的视阈

高校德育工作长期以理论教育为主，机械式地向学生灌输"要摆正政治立场，坚定理想信念"的思想，但是却没有教会学生如何认识自我，如何处理自己与周围人、与社会的关系，可以说学生完全是以独立的个体存在的，比较封闭。在学校做团体心理辅导，其主体是学生，其活动形式以学生自身的观察体验为主，相互启发去学习和认识，打破了简单枯燥的单向知识灌输的学习模式，让学生更有效地接受德育教育内容并将其内化。此外，在高校德育工作中应用团体心理辅导，有利于学生共勉互助，让学生充分融入团体之中，并增强其归属感和集体荣誉感。

（二）帮助大学生树立正确的"三观"

心理因素是影响大学生认识自我和世界的关键因素，同时也是影响社会稳定健康发展的重要因素。良好的心理素质能够帮助学生形成积极乐观的心态，使其从容面对困难和挫折；消极的心理容易导致学生思想观念扭曲。而团体心理辅导活动有利于大学生树立正确的"三观"。团体心理辅导可以让学生在团体中进行充分交流，在此过程中深入探究世界、谈论人生价值，促进不同学生世界观、人生观和价值观的有效融合，进而不断完善学生的"三观"体系。同时，团体心理辅导是以集体的视阈看问题，有利于突破个体视阈的局限性，引导学生全面发展。

（三）有利于提高德育工作的科学性

传统教育模式下，教师具有"闻道在先"的权威，在课堂上，教师占据着绝对的主导地位，学生处于被动接受知识的状态，这种教学模式造成学生与教师之间产生鸿沟，这种鸿沟的存在使高校德育工作无法有效落实人道主义教育。团体心理辅导是以学生为中心，在德育工作中应用团体心理辅导可以充分调动学生的学习积极性和主动性，让学生在解决心理问题的同时也充分感受到人文关怀，潜移默化地树立起关心他人、尊重他人的思想意识，进而提升德育教学效果。

二、团体心理辅导在高校德育工作中的应用策略

（一）科学设计活动主题

高校德育教学的目的是引导学生树立正确的人生观、世界观和价值观，要想达到这一目的，仅仅依靠理论知识的教育是远远不够的，还需要让学生多参与各种实践。对此，在应用团体心理辅导的过程中，教师在向学生传授理论知识时，要巧妙地结合教学内容设计各种活动，让学生在活动中不断认识自我、完善自我。教师在设计活动时，要准确把握学生的心理需求，用团体协作、角色换位、小组分享、游戏等方法，开展相关团体心理辅导主题教育活动。例如，针对"人际关系"问题，可以设计"互帮互助"的团体活动，让学生在实践活动中有针对性地培养其良好的人际关系。

（二）开展小组合作

小组合作是指将学生分成小组，以小组为单位进行合作学习的一种方式。小组合作有利于团体心理辅导作用的高效发挥。在高校德育教学中，教师要善于采用小组合作的方式来引导和教育学生。例如，针对"公民道德"

问题，教师可以把学生分成小组，让学生围绕"公民道德"这一主题进行讨论，指导学生在讨论的过程中了解做一名合格的公民的要求。同时，在讨论结束后，教师可以让小组成员进行自我评价和相互评价，指出对方的优缺点，从而使学生了解自身的不足，有针对性地加以改进。

（三）营造轻松、和谐、安全的教学环境

在高校德育教学中团体心理辅导是以团体为载体开展活动的，要想达到团体心理辅导应有的作用，教师应当为学生营造轻松、和谐、安全的教学环境，这将有利于学生全身心地投入到学习中来，主动打开自我，并有效地从中进行学习与反思。同时，在德育教学过程中，教师要善于运用情感教育的方法来表达对学生的尊重和理解，协助学生调整好自己的心理和情绪，帮助学生从负面心理和情绪中走出来，使学生能够积极、乐观地面对一切。另外，在团体活动中，教师要适当鼓励学生，增强他们的自信，使他们在心理上得到一定的满足，进而提高其学习积极性。

（四）加强师生互动

师生互动少是当前高校德育教学的一个普遍现象，教师在教学过程中大多抱着完成任务的心态，只管教。虽然大学生已经成年，但是他们未经历社会历练，各方面的阅历不足，在成长过程中需要教师的引导。对此，在应用团体心理辅导的过程中，教师应该注重与学生的互动。课堂上，教师要注重与学生交流和沟通，与学生分享自己对心理和道德等方面的看法。同时，教师要以身作则，让学生看到自己的爱岗敬业精神，并在传道授业的过程中影响学生，引导学生朝着正确的方向发展。另外，教师要以团体成员的身份融入团体心理辅导，与学生建立良好的关系，进而更好地为师生互动提供条件，提高德育教学实效。

三、团体心理辅导在高校德育工作中需要注意的问题

（一）突出学生的主体作用

无论是团体心理辅导还是德育教学，其目的都是引导学生健康、全面发展，而要想达到这一目的，关键在于突出学生的主体作用。学生作为教学的主体，只有肯定其主体作用，才能更好地调动其学习积极性和主动性，进而提升教学实效。在德育教学中，教师要根据学生的心理特点来设计活动，确保心理活动能够吸引学生的注意，并产生认同感，进而更好地实施德育教学。

（二）教学的针对性

学校开展德育教育，加强心理辅导，有利于大学生的发展。团体心理辅导在高校德育教学中有着重要作用，团体心理辅导活动的最终目的应该与德育教学主题活动相符。在德育教学中，教师应该明确价值观导向，将学生培养成为积极、乐观、充满活力，具有正确人生观、世界观和价值观，具有坚定社会主义意识的建设者和接班人。

（三）心理辅导过程中的平等性

不同学生之间存在着一定的差异，这种差异性也是影响高校德育教学的重要因素。受传统观念的影响，教师在教学过程中比较倾向听话、学习成绩好的学生，疏远那些成绩不好、调皮捣蛋的学生，而这种教学不利于团体心理辅导的开展。对此，要想达到最佳的教学效果，教师在教学过程中必须考虑到心理辅导过程中的平等性。一方面，教师在教学过程中，对学生要做到一视同仁，不能用"有色眼镜"看学生；另一方面，教师要引导学生在团体活动中保持平等互助的关系。只有让学生处在平等对话的语境下，团体成员才能敞开自己的心扉，真诚地分享经验，乐于接受他人的帮助，也愿意主

动去帮助他人。

团队心理辅导可以更好地调动学生的学习主动性，引导学生树立正确的人生观、世界观和价值观，培养学生健全的品质和人格，进而促进学生的全面发展。作为教师，在开展团体心理辅导的过程中，要根据学生的心理状态，有针对性地引导学生学习，确保团体活动的平等性，进而提高德育教学的实效性。

第四章　立德树人理念下的高校德育理论研究

第一节　立德树人德育理念的理论研究

新时代高校立德树人的德育理论来源于人们对我国古代德育思想的探索和对马克思人的全面发展理论的借鉴和创新。高校把立德树人作为教育的根本任务，是实现中华民族伟大复兴中国梦的必然要求，是坚持和发展中国特色社会主义道路的必然要求，是提高我国综合国力的必然要求。

中国共产党第十八次全国代表大会以来，党中央高度重视青少年德育工作的实施和落实，强调把立德树人理念作为高校办学的根本目标和方向。党的十九大报告进一步强调"要全面贯彻党的教育方针，落实立德树人根本任务，发展素质教育，推进教育公平，培养德智体美全面发展的社会主义建设者和接班人"。立德树人应该以"立德"为标杆，实现"树人"的教育目标，其中，立德是树人的基础和前提，树人是立德的价值表现，两者相互联结、互相贯通，不断推动新时代高校德育工作的创新发展。

一、立德树人德育理念的理论溯源

（一）立德树人德育理念与中国传统文化的历史渊源

立德树人的德育理念分为"立德"和"树人"两个基本层面，我们可以沿着历史的脉络将这一理念上溯至数千年前的中华民族文明史。

关于"立德"的思想，最早的文字记载可见于先秦时期的《左传·襄公二十四年》里的"三不朽"论述。范宣子与叔孙豹在讨论"身死而名不朽灭"的问题时，叔孙豹曰："太上有立德，其次有立功，其次有立言。虽久不废，此之谓不朽。"可见，在先秦思想家对人生价值的设想中，立德为最高，其次才是建功立业、著书立说。人首先要立德，立德是修身的根本、个人价值的基础，人实现"不朽"的关键在于有德。

关于"树人"的概念，最早的文字记载见于《管子·权修》："一年之计，莫如树谷；十年之计，莫如树木；终身之计，莫如树人。一树一获者，谷也；一树十获者，木也；一树百获者，人也。"

从以上对立德树人的概念溯源中可以看出，以现实为取向的儒家思想强调，应该将道德的培养作为人生价值的追求，并强化"立德为上"的价值取向。

（二）立德树人德育理念对人的全面发展理论的创新

马克思和恩格斯在《德意志意识形态》中指出："我们首先应当确定一切人类生存的第一个前提也就是一切历史的第一个前提，这个前提就是人们为了能够'创造历史'，必须能够生活。但是为了生活，首先就需要衣、食、住以及其他东西。因此第一个历史活动就是满足这些需要的资料，即生产物质生活本身。"当今时代，立德树人的德育理念本身就是以满足人的自然需要为基础和前提的。如果我们仅把人的社会属性当作立德树人的根本，那么德育活动则会使个体变成维持社会运作的机器，使个体的人变成社会发展的障碍，最终丧失价值感。

马克思从分析现实的人和现实的生产关系入手，提出了人的全面发展理论，即人的全面发展应该是人的智力和体力得到充分、自由以及和谐的发展。在人的全面发展理论中，马克思指出了人实现全面发展的条件、手段和途径，这是马克思一直追求的理想目标和价值坚守，也是我国"立德树人"教育观的理论基石。立德树人教育观重点突出的是人的重要性，它是人的全面发展理论的具体实践。

二、立德树人教育理念的时代价值

（一）是实现中国梦的必然要求

国家富强、民族振兴、人民幸福和中华民族伟大复兴的中国梦绝不是轻轻松松就可以实现的，它是一项长期且艰巨的事业，需要一代又一代中华儿女为之努力，特别是有理想、有本领、有担当的青年一代，更要肩负起实现中国梦的重担。中国梦的实现不仅需要大学生具备现代化建设所需要的丰富知识和技能，更需要大学生树立马克思主义信仰、共产主义远大理想和中国特色社会主义共同理想，树立文明守规、允公尽责的"公德"，树立修身向善、忠孝仁义的"私德"，使大学生逐步成长为有共产主义远大理想、勇于创新、人格健全的人。因此，对大学生进行立德树人理念教育，就是为中国梦的实现奠定基石。

（二）是坚持和发展中国特色社会主义道路的必然要求

中国特色社会主义道路是党和人民付出巨大的代价而探索出来的成功

路径，具有深厚的历史内涵。中国特色社会主义道路是在改革开放 40 多年的伟大实践中得来的，是在中华人民共和国成立 70 多年的不断探索中得来的，是在中国共产党带领全国各族人民进行浴血奋战的百年的社会革命实践中得来的，是在近代以来中华民族 170 多年的奋斗历程中得来的，是对 5000 多年的中华民族优秀文明的传承延续中得来的。中国特色社会主义道路的开辟来自无数共产党人的艰苦奋斗，高校大学生作为中国特色社会主义事业的建设者和接班人，必须德才兼备、全面发展。

高校作为立德树人的根本，必须牢牢抓住提高人才培养能力这个核心点，坚持对大学生进行立德树人教育，帮助大学生树立正确的世界观、人生观和价值观，引导大学生增强对中国特色社会主义的理论自信、道路自信、制度自信和文化自信，增强大学生的民族自豪感和自信心，增强大学生对社会主义核心价值体系的认同感，坚定不移地在中国特色社会主义道路上奋勇前进。

（三）是增强我国综合国力的必然要求

当今时代，经济全球化、世界多极化、社会信息化、文化多样化深入发展，国家间的竞争也日趋激烈，而国家间的竞争归根结底是综合国力的竞争，换言之，国家间综合国力的竞争实质上是人才和教育的竞争。当前，我国的发展进入了新的阶段，改革进入攻坚期和深水区，这是一个矛盾凸显和利益格局不断调整的时期，高校对学生创新能力、创新意识和创新精神的培养关系着很多深层次问题的解决。高校作为高素质人才培养的主阵地，要重视人才的整体培养，在不断提高学生科学文化知识的同时，也要注重其身体、心理以及思想道德的综合素质发展。在很大程度上，思想道德素质关系到一个人创新的目的、动力和方向，是实现人全面发展的核心。

三、开展立德树人德育工作面临的困难

（一）宏观角度：多元化背景加大了高校立德树人的难度

如今我们处在一个经济全球化、市场一体化、文化多样化、信息智能化的多元化时代，这是一个伟大的时代，也是一个对人的道德产生强烈冲击的时代，它加大了高校德育工作的难度，政治道德化和经济利益化的矛盾制约了德育工作的实效性。

第一，受优秀传统文化影响，政治道德化的特点明显。市场经济是崇尚多元主体、以利益为上的，市场经济的快速发展滋生了大量以经济利益为主的"政治人"，为了追求利益最大化，他们模糊了政治与经济的界限，在政治道德化的边缘徘徊。如果处理不当，以经济利益为主导的拜金主义、享乐主义、利己主义的思想就会沉渣泛起，给立德树人德育工作带来重重阻碍。

第二，在多元化的时代背景下，各国的思想文化交流、交融、交锋变得更加频繁，国家间的思想文化斗争日益复杂。随着我国国力的不断增强，以美国为首的西方国家开始把中国的壮大视为对其价值观和制度模式的挑战，他们开始着力渲染"中国威胁论"，加紧了对我国思想文化的渗透，企图在意识形态领域占领高地。大学生正处于世界观、人生观和价值观的成长期，容易混淆是非，容易陷入价值相对主义和历史虚无主义的沼泽，这会影响立德树人德育工作的进程。

此外，互联网裂变式的发展是高校实施立德树人德育工作时需要面对的"最大变量"。互联网的广泛应用正在重塑媒体格局和舆论生态，特别是论坛、博客、微博、微信等网络传播媒介打破了传统媒体的单向传播方式，使网络成为兼具信息发布功能、舆论传播功能和社会动员功能的聚合器，不良信息层出不穷、难以监管，容易腐蚀大学生的思想，使立德树人德育工作的难度明显加大。

（二）中观角度：高等教育从"点"到"面"，阻碍了立德树人的速度

在我国大众化的教育进程中，受经济利益的驱使，粗放型的应用型人才培养模式大行其道，这种实用教育偏离了立德树人德育工作的重心，导致了教育本性的迷失。

首先，大众化教育的普及给众多高校带来经济上的"红利"，为了得到更多的政策倾斜，很多高校在办学过程中一味追求数量而忽略了教育的质量，导致人才培养质量出现"滑坡"现象，这与立德树人的目标背道而驰；其次，由于我国高等教育管理机构长期把科研项目和学术论文等作为评价高校的标准，这就促使很多高校在人才培养方面急功近利，一味追求学校的"高水平"和"高水准"，把德育工作看作学校的"副业"，德育的教育中心地位被边缘化，德育的育人功能被弱化；最后，在我国大众化的教育进程中，德育教育依然沿用现有的理论模式，不能与多元化时代带来的新问题、出现的新情况相衔接，使学校教育与时代发展脱节，难以满足当代大学生的成长期待，无法及时解决德育教学过程中学生的疑虑和困惑，在客观上制约了立德树人德育工作的开展。

（三）微观角度：他律下成长的大学生增加了立德树人的难度

现在的高校大学生群体思想活跃、个性张扬、自我意识强烈。在多元化发展的时代，面对缤纷复杂的世界，他们不可避免地陷入彷徨与价值迷茫之中，而不成熟的心智影响着他们的道德认知和行为方式。

第一，我国大众化教育体制下的大学生有时为了应试教育而忽略对自

身品德的塑造，淡薄的道德意识给非社会主义主流价值的道德观带来了可乘之机，它们使大学生内心的正义感以及为人处世的准则被慢慢侵蚀，使德育教育与立德树人的目标产生距离。

第二，大学生作为德育主体的角色被弱化，通过自律提升道德品质难上加难。传统的、非个性化的德育模式忽略了学生的个性需要和内心诉求，处于客体地位的学生成为"被德育"的对象，学生的自律意识较弱，缺乏自主的道德体验与锤炼，言行不一，知行脱节。

第三，现代高等教育下的大学学科体系存在一定漏洞，同一学科对其他学科具有很强的排他性，各学科之间联系不紧密，特别是大部分学科缺乏对学生德育方面的引导。这样的现实加剧了正在他律下成长的大学生的不安和迷茫，使其在多元化世界中迷失方向、失去自我价值认同，从而增加了德育工作的难度。

四、新时代高校立德树人的路径

（一）高校立德树人的实现，需要加强党的全面领导

中国共产党是中国特色社会主义事业的领导核心，也是新时代高校落实立德树人根本任务的保证。党的十八大以来，党中央高度重视我国教育事业的发展，多次以讲座或报告的形式推动高校教育工作的开展。全国高校思想政治工作会议强调："办好我国高等教育，必须坚持党的领导，牢牢掌握党对高校工作的领导权，使高校成为坚持党的领导的坚强阵地。"党的十九大报告则进一步指出："要全面贯彻党的教育方针，落实立德树人根本任务，发展素质教育，推进教育公平，培养德智体美全面发展的社会主义建设者和接班人。"

当前国内外形势复杂，高校必须坚持和加强党对高校实现立德树人任务的全面领导，坚持社会主义办学方向，全面贯彻中国共产党对高校立德树人的教育方针，在党的领导下掌握思想政治教育工作规律、教书育人规律和学生成长规律，把全员育人、全过程育人、全方位育人的工作机制落到实处。

（二）加强高校教师的师德、师风建设，不断提高教师的人格和学识魅力

良好的师德、师风是教师立身、立业的根本，也是高校立德树人德育实践的关键。

首先，信念是前进的源泉和动力，高校教师必须具有坚定的共产主义理想信念，坚持以马克思主义思想理论为指导，高举中国特色社会主义思想伟大旗帜，树立社会主义核心价值观，不断提高自身的道德素质，加强社会主义的道德意识，用高尚的人格魅力影响学生。其次，高校教师的魅力不仅体现在人格上，更体现在他们的学识和修养上，教师的学识魅力是学生与教师之间建立信任和沟通的桥梁。最后，教师不仅要刻苦钻研业务，不断拓展知识的广度和深度，提高自己的教学质量和管理水平，而且要具有创新精神，努力探索新的知识领域，争取在学术上有所建树，引领学生走向知识的前沿，为实现中华民族伟大复兴的中国梦贡献力量。

总之，只有人格魅力和学识魅力兼备的教师才会增加对学生的说服力、吸引力和影响力，两者相辅相成、相互映衬，共同加强对德才兼备的大学生的培养。

（三）发挥课程之间的协同效应，不断推进思想政治理论课的创新

发挥课程之间的协同效应是推进高校立德树人德育工作的重要环节。

第一，思想政治理论课与其他学科之间的协同，为高校实现立德树人的德育目标增添了活力。学生对思想政治理论的学习和理解不能仅局限于思想政治理论专业课，思想政治理论教育也要融入其他学科的教学过程中，以潜移默化的方式引导和影响学生的意识形态，寓价值观引导于知识的传授过程中。

第二，思想政治理论课自身的改革和协同为高校立德树人德育工作注入了强大的生命力。在教学管理方面，要摒弃千篇一律的模式化教育，坚持统一性与多样性相结合的原则，因地制宜、因材施教，为大学生的个性化发展提供可能；在课程设置方面，坚持理论与实践的协同、灌输性与启发性的协同、历史与现实的协同，打造一个充满活力的课程体系，增加学生的学习乐趣；在教学过程中，要紧跟时代潮流的发展趋势，注重网络教学与课堂教学相结合，创新课堂教学方法，满足学生的成长需要，丰富、拓展高校立德树人德育工作的内涵和外延。

（四）加强校园文化建设，达到立德树人的目的

华中科技大学刘献君教授曾在论述关于学校育人的氛围和环境对学生的影响时，提出了著名的"泡菜理论"，即学校全部的工作就是要调好这个"泡菜水"，营造高品位的文化氛围，让学生在这种氛围中思考、理解和感悟，从而升华人格、完善自己。通过校园文化的建设达到育人的目的是立德树人德育工作的隐形路径。

首先，物质文化建设在校园文化建设中发挥着不可估量的作用。完善的教学设备、合理的空间布局以及各具特色的标志性建筑无不使人赏心悦目，这有助于陶冶学生的情操，塑造学生的人格，促进学生身心的健康发展。

其次，精神文化建设是校园文化建设的灵魂。第一，要加强校风建设，用"强制性"的感染力压制校园的不良风气，激发学生内在的潜力；第二，要加强学风建设，提高教学质量，完善大学生的品格，培养德智体美全面发展的社会主义建设者和接班人；第三，要加强教风建设，教师作为人才培养的最后一道关卡，要在管理育人、教书育人和服务育人的过程中发挥主力军的作用。

最后，制度文化是校园文化的保障。只有建立了完整的规章制度和合理的行为规范，才能保证师生的生活在高效、有序的环境中运行，从而维护高校德育工作的秩序。

第二节　立德树人理念的现实意义

《左传·襄公二十四年》中，子产向士匄写信道："德，国家之基也。有基无坏，无亦是务乎？有德则乐，乐则能久。"子产认为美好的德行是国家和民族繁荣的重要基础。党的十九大报告指出，我国社会的主要矛盾发生了改变，人民对美好生活的向往成为当下重要的价值追求。德育作为教育实践活动，承担着塑造人的功能，其蕴含的价值信念与人民对美好生活的需要高度契合。当前，高校把立德树人作为教育的根本任务，既体现了德育自身发展的内在要求，也体现了教育事业对国家发展和民族复兴事业的重要价值和深远意义。

一、充分认识新时代高校立德树人的重要性

在新时代下，高校德育需要重新定位。"德"不应该作为一种外在的表现形式，而应该作为内化到人格培养中的一项重要目标。高校是培养高素质人才的核心阵地，人才培养是高等教育功能的动力中枢。因此，要坚持把立德树人作为中心环节，要以创新性、开放性、包容性的品德教育来实现立德树人的培养目标。

（一）是继承和发扬中华民族传统美德的必然要求

中华民族传统美德蕴含着丰富的伦理内涵，是高校培养大学生道德人格的重要力量。《道德经》一书中有"道生之，德畜之，物形之，势成之。是以万物莫不尊道而贵德"的论述，老子认为"道"和"德"保护并催化了万事万物的生长发育。而孔子则认为必须主动培养学生的德行才能使他们达到"成仁"的状态，在这种道德境界中才能实现个体的完满发展。《孟子·尽心上》中也有认为"尊崇道，乐于义"就可以安详自得的论述，孟子从"性善论"的角度出发，力图构建理想的道德体系。

中华民族传统美德的道德价值内置于中华民族的道德体系之中，爱国主义、诚信精神和忠孝观念作为传统美德的要义，始终是千百年来的育人理想。当今我国正处在新的发展阶段，高校以立德树人为中心的德育工作是对中华民族传统美德中道德价值的继承和升华，崇德向善是一种持续的精神力量。

（二）是新时代大学生德育的使命所在

当代大学生不是孤立发展的个体，而是新时代社会主义事业的建设者和

接班人，是国家和民族的希望，他们的理想、本领和担当关乎国家的前途。

德育是教育的灵魂和目标，加强德育才能培养出"明大德、守公德、严私德"的新时代优秀大学生。在推动人的全面发展的过程中，社会主义的建设实践需要拥有丰富文化知识的大学生，并要求大学生具有正确的思想导向。面对当前德育的新形势和新情况，高校要给大学生的思想"充电"，提高其品德修养，坚定其理想信念，将"立德"内化为一种文化心理，承担起培养新时代大学生的使命和责任，使他们获得持续发展的动力，实现"成人"与"成才"的统一。

（三）是实现中华民族伟大复兴的必然选择

在新时代背景下，国家围绕实现中华民族伟大复兴这一目标和任务提出了一系列的新理念和新思路，在怎样实现这一问题上，教育的水平和质量是前提条件。德育作为教育的重要组成部分，既是大学生入学应该学到的"第一课"，也是他们永不间断的"必修课"。

高校对大学生的德育教育不仅要注重大学生文化心理的塑造，还应该注重大学生道德习惯的培养。高校将立德树人作为教育的根本任务，可以引导大学生牢固树立"心中有祖国、心中有集体"的意识，它是提高大学生的思想道德素质和科学文化素养的重要保证，是大学生将爱国主义精神、正确的理想信念、良好的品德素质等作为自身道德基础的基本内容。实现中华民族伟大复兴需要将个人的成长进步同祖国的繁荣发展及中国特色社会主义伟大事业紧密联系。高校要对学生未来的发展方向、趋势和前景有更深刻的认识，这样才能使他们担负起建设祖国的重任。

二、科学把握新时代高校立德树人的现实需求

从党的十八大报告首次将立德树人作为教育的根本任务，到党的十九大报告中明确提出落实立德树人的根本任务，再到《中国教育现代化2035》规划中把立德树人置于重要位置等战略规划来看，立德树人对新时代的高校德育工作具有重要意义。立德树人是高校德育工作的价值诉求，也是高等教育的使命，因此，面对国际、国内环境的快速变化，高校要科学把握立德树人德育工作的现实需求。

（一）多元文化冲击力度加大

在国际、国内的复杂环境下，利益主体的多元化会导致思想的多元化倾向进一步加剧。具体表现在：一是伴随着我国对外开放程度的加深，西方异质文化在某种程度上给一些大学生的价值观带来了冲击，使他们的思想受到了不良的影响；二是互联网和新媒体的发展使各种信息跨越时空的界限，以更加高效和个性化的方式传递出来，使一些大学生在思想尚未完全成熟的情况下难以形成正确的认识；三是多元文化在一定程度上会影响一些大学生固有的价值体系，在形形色色的价值目标的影响下，原有的正确道德价值判断和意识会逐渐淡化。大学是大学生精神文化形成的关键阶段，因此，把立德树人作为教育的目标，进一步加强对大学生的道德指引理应成为高校教育重点关注的内容。

（二）社会道德冷漠问题逐渐凸显

道德冷漠即人们对外界事物持有一种冷淡和漠视的态度，以一种孤立、隔阂的状态对待社会上的人际道德关系，是一种非健康的道德状态。处在开放环境中的大学生，难免受到道德心理和行为上的影响。在我国实现现代化

的进程中，一些道德冷漠的问题逐渐暴露出来。中国特色社会主义进入新时代，大学生是为人民创造美好生活的主力军，高校应该培养他们的道德责任感和正确的价值观，提高大学生的整体道德素质。

（三）大学生的价值信仰存在世俗化和功利化的倾向

近年来，越来越多的大学生在以物质为基础的现实条件下，开始更注重对物质利益的追求，把市场价值的获得和个人需求的满足作为人生信条，错误地认识经济利益和权力的影响。

当前，我国仍然处于重要的战略机遇期和发展期，大学生作为肩负复兴重任的一代，他们的价值观决定着未来社会的发展走向。高校在教育中应该以"立德"为根本，在学习和生活中对学生进行思想引领，实时关注并纠正大学生错误的道德认识和道德行为，引导他们形成正确的价值体系。

（四）"重智轻德"现象依然存在

当前社会的竞争日益加剧，不论是家长还是学校，往往希望通过各种方法提高学生的学习能力，这样简单地把知识看作核心竞争力，会导致道德教育不足。高等教育阶段是大学生在经历小学、初中和高中后的新的教育阶段，高校应该及时更新德育观念，建立"以德为首，德智并重"的教育理念，改变"唯分数、唯升学、唯文凭"的评价标准。高校教育的根本任务始终是培养高素质的现代化人才。

三、德育工作实现全方位育人的根本目的

教育特别是高等教育具有重要的战略地位。教育现代化是教育发展的总方向，教育强国是总目标，立德树人是总任务。为了高质量地实现立德树人这一教育任务，高校要坚持"因势而新、因时而进"的理念，多角度、多

方位地保证立德树人目标与教育实践的同步发展。

　　家庭、学校、社会和政府是培养新时代大学生良好德行的重要场所。家庭是大学生接受道德教育的课堂，家长的一言一行影响着学生的品德修养，因此，家长要树立正确的成才观，逐渐转变过去"重智轻德"的思想观念，担起对新时代大学生进行品德教育的责任，提高与教师和学校交流的频率，以科学的教育方法提升家庭德育的品质。高校是大学生道德教育的主阵地，高校要坚决把道德教育融入各学科体系中，也要主动加强与家庭、社会和政府的联系，提高德育工作的针对性和实效性。教育是社会发展的重要内容，社会各部门应该统一规划、分工协作、统筹协调各类资源，支持学校和家庭的德育工作，发挥优势，创造和谐的德育环境。教育是一个民族的根本事业，政府作为社会管理机关，要加大对教育事业的支持力度，减轻家庭和学校的压力，为道德教育工作提供保障。

第三节　立德树人理念下高校德育教育的实现方法

　　在人的发展过程中，个人的品格和思想道德修养起着重要的作用。德育是教育的灵魂，立德树人是人才培养的基础。本节从高校德育教育工作的现实出发，为高校的人才培养提出几点可借鉴的改进方法：

一、强化高校师德、师风建设

（一）要有科学的教育理念

高校教师在教学之前要保证自己有充足的理论知识和实践经验，注重理论知识和实践经验的统一，结合课程性质和内容灵活教学。教师要传播先进文化，坚定爱党、爱国的信念，积极承担教育和指导学生的责任。教师的职责是教书育人，在新时代背景下，教师要深刻认识中国特色社会主义的理想信念，培养时代新人，坚持"四个统一"，为学生的成长、成人、成才奠定良好的基础。

（二）要有积极的榜样力量

学生在学校学习阶段接触最多的就是教师，教师的言行影响着学生，教师良好的行为能够使学生拥有积极的心态。榜样的力量对学生形成正确的价值观起到重要的影响，能够促进学生良好品德的形成。高校教师的举止风度，为人师表的品格风范，诲人不倦、爱岗敬业、关爱学生的职业态度，都在启迪学生，为学生展现积极的人格力量。

（三）要有良好的道德素质

在教师道德素质的形成过程中，教师应该自觉履行并遵守岗位职责，将理论指导和实际经验相结合，思想和行为相一致，在教学中全身心投入。在教育活动中，教师应该积极组织各种活动，主动培养自身的优秀品格；在科研中努力钻研、刻苦研究；在管理中遵守规则、严守底线、言行文明、作风优良；在生活中要诚实守信、真诚待人；与学生相处时，自身也要谨言慎行、以身作则，引导学生形成正确的道德观。

二、增强高校德育工作的规划性

（一）强化教学目标

要坚持以马克思主义为指导。教师要有丰富的理论知识，有合乎规律的认识；学生要用心学习科学理论知识，用马克思主义原理指导学习，提升实践能力；高校要注重培育和弘扬社会主义核心价值观，加强文化自信教育，增强师生价值认同感。在高校教育中，要把课程教学与实践相结合，灵活运用制度优势和舆论宣传等方法，使学生将社会主义核心价值观内化于心，外化于行，同时，也要加强高校思想道德基础建设。学校是学生成才的地方，高校应该注意校园建设，要建设优良的学风、校风，营造良好的文化氛围，将学校精神与教育相结合，形成积极的校园文化氛围。

（二）建设教师思想政治工作体系

高校要采取相关措施，提高教师的专业化水平，实现教师的专业化培养；要加强职业道德教育，培养风气正、文化水平高的优秀教师；要建立奖励和惩罚机制，加强对教师的管理，制定考核评价体系，规范教师的德行；要引导高校教师坚持教书和育人相统一，坚持言传和身教相统一，坚持潜心学习和关注社会相统一，坚持学术自由和学术规范相统一，引导教师积极承担教书育人的责任。

（三）学校要发挥思想政治课的主渠道作用

首先，教师在讲授思想政治课时，要根据学生的特点引导学生从马克思主义理论出发，思考相关社会现实问题。通过课堂训练，引导学生对教材有自己独立的思考与判断，培养学生的逻辑能力，提升学生对马克思主义理论体系的认识；其次，高校思想政治教育工作要科学地把握马克思主义理论，了解当前的时代潮流，全面认识中国特色社会主义的发展规律；再次，在教学方法上，教师要善于发挥互联网的作用，增强课程吸引力，创新教学方法，培养学生良好的学习习惯，传授丰富的知识；最后，要将思想政治课同其他课程相结合进行教学。高校在设置课程时可以根据课程的性质和相关内容，灵活地开展教学工作，使学生养成正确的道德观念。

三、高校要注重人才培养

（一）增强学生的思想政治觉悟

大学生只有认识到复杂的国际形势和当前的国家现状，才能真正肩负起时代责任，完成自己的使命。高校德育要坚持培养、提高当代大学生的基本素质，实现党和国家对大学生成长、成才的希望，进一步强化对立德树人教育任务的认识。

（二）高校要自觉培养人才

现代高校部门多，利益诉求也多，但高校的中心工作还是教育学生。我国对高等教育的要求，实际上对应着社会对高质量人才的需求。高校应该按照每个学生的性格特点，进行有针对性的培养，使每个学生都可以得到充分的发展和提升，从而为各行各业培养人才，为我国社会主义现代化建设提供人才支撑。高校教师要了解学生，及时为学生解决问题；要正确把握办学目标，确保立德树人根本任务的贯彻和落实。

（三）高校要调动学生的主动性

人的主体活动是在自由、主动的条件下进行的。大学生只有主动认识到立德树人的重要性，才有可能自觉、自发地学习和掌握理论知识，并将其自觉运用到实践中，自觉增强自己的道德意识和道德能力。高校教师在培养学生的自觉性时，应该将专业理论知识和道德素质培养结合到一起，使学生在掌握知识和技能的同时，也能够对道德和情感有更深入的认识。教师应该主动了解学生的需求，帮助学生解决学习和生活上的难题。通过班干部和优秀学生的带头作用，促进学生形成良好的自我约束力，从而进行自我管理和自我学习，养成良好的学习风气，帮助学生养成积极的学习态度和健康向上的生活态度。

四、高校要坚持党的领导

（一）高校要确定政治责任

高校在办学时要明确办学方向，要走中国特色社会主义教育道路，要始终跟随中国共产党的领导。我国的国情决定我们要倡导社会主义道德，要坚守社会主义道德体系。在理论上，高校要始终坚持马克思主义理论的科学指导，在学生的成长教育过程中培养其科学思维能力，培养符合时代特色的时代新人。高校应该把党的全面领导与本校的办学方向结合起来，在党的指导和带领下，开展符合中国国情的教育，在发扬中华优秀传统文化的基础上发展教育，培养德、智、体、美、劳全面发展的人才。

（二）高校各部门要充分重视育人的职责

高校基层党组织要切实履行全方位育人职责，将育人工作与党建工作联系起来。当前社会对大学生素质的要求在不断提高，不仅要求大学生掌握书本上的知识，也要求大学生掌握时政知识。高校各部门应该协同合作，共同育人，重视德育工作，注重培养学生的健康思想。教师与学生要加强联系，和谐相处，共同提升自我，形成教师和学生双方共同发展、协同进步的局面。高校基层党组织也要重视德育建设，要多利用共青团和学生会等校园团体，带动学生学习，组织学生参与相关党建活动。高校也应该建设评价机制、奖惩机制和监督体制，以严格的要求促进学生的发展和良好风气的形成。

立德树人是全面深化教育改革的重大内容，新时代高校教育应该重视立德树人的教育理念，要以高校德育工作为核心，加强对学生的德育，培养具有社会主义道德观念、为社会主义服务的时代新人。高校要以党的领导为根本方向，坚持社会主义办学方向，使培养的人才能够把握社会主义精神的丰富内涵，具有社会主义政治特征，从而使其更好地为我国的国家繁荣、民族复兴和社会发展服务，进而推动我国教育事业出现新局面。

第四节　立德树人理念下高校文化育人的优化策略

在教育兴国理念的指导下，立德树人成效成为检验教育工作的重要指标。高校教育应该以立德为基础、以树人为核心，为社会主义发展培养高素质的建设者和接班人。高等教育是我国教育体系的重要组成部分，文化是高校校园氛围的核心，以育人为导向建设高校文化，是我国社会发展和经济建设的迫切需求，同时也是落实育人任务的关键渠道。因此，高校要高度重视本校的文化建设，以立德树人为中心环节，加快文化的交流与沟通、创新与传承，充分体现高校文化的育人价值。

一、高校文化的主要构成要素

高校是我国人才培养的重要基地，承担着文化兴国和教学育人的使命。

当前，高校应该以高校文化作为实现立德树人的载体，充分发挥文化育人的德育功能。高校文化的主要构成要素包括以下三个部分：第一，物质文化，包括高校的文化设施和校园环境设施、建筑等，其以物质为教育载体，是构建校园文化的物质基础；第二，制度文化，包含高校的所有行为规范和规章制度，是发展高校文化的制度基础；第三，观念文化，指所有师生认可并且遵循的学风、校风、价值观、世界观以及文化观等。

高校文化包含文化主体和文化客体，文化主体主要包含教学活动、宿舍、班级、课堂、管理组织、学生和教师；文化客体包含隐性标志和显性景观。主体和客体共同组成了内容丰富、层次多样的高校文化，能够体现高校的时代性、先进性和文化性。

从高校文化的育人功能分析，高校文化主要由行为文化、环境文化、制度文化和学科文化共同构成，其中，行为文化和环境文化是隐性育人资源，具有内化功能和展示功能，可以帮助高校实现育人目标；制度文化和学科文化是显性育人资源，具有制度保障和传递知识的功能，可以帮助高校实现管理育人和教书育人的目标。

综合分析，高校文化在长期的发展和建设中，其文化形态呈现多元化和复合化的特点，是全体师生普遍认可和遵循的价值标准和基本观念，承载了高校的行为规范和价值观念。同时，高校文化由科研创造力、学术实力、学科特色、校园环境、历史文化、校规、校训等共同结合而成，是高校政治引领和价值传送的重要载体，充分体现了一所高校的软实力，能够展现高校的办学理念和治校理念。

二、优化高校文化育人功能的相关策略

（一）加强精神引领

建设高校文化要注重加强精神引领。高校要处理好学生信仰与大学精神、文化创新与历史继承、办学治校与文化建设的关系，汲取和提炼高校文化中的人文精神和科学精神。首先，文化建设要以"育才"和"育人"为立足点，展示高校文化的多元性，不断丰富德育内容，多样式、多渠道地展示高校的办学特色、整体面貌和精神价值；其次，高校要积极营造良好的文化氛围，扩大高校文化的影响力，将追求价值、培育精神和树立理想作为精神引领的着力点，在发扬高校文化品质和办学精神的同时，不断吸收先进的思想精华和办学理念，丰富高校文化体系；最后，要通过系统性、多元化的文化建设，发挥高校立德树人的育人功能，培养学生的使命感和责任心，实现文化的传承与创新。

（二）提升文化自信

提升文化自信是立德树人的前提，高校在开展文化建设中，要以立德树人为根本任务，增强自身的使命感，以文化育人为建设导向，发挥高校文化的育人功能。

首先，高校要通过形式多样的文化活动，将文化理念渗透到师生的日常学习与生活中，促使广大师生加入文化育人和文化创新的行列中；其次，要提升对文化自信的认识，通过有效的途径宣传高校文化，创新形式、聚焦校园，打造高水准、高品质的文化内容，全面落实立德树人的育人任务，为人才培养奠定文化基础；最后，高校要在把握办学方向的基础上，践行社会主义核心价值观，积极引领流行文化与校园文化，将有害的文化杜绝在校园之外，为立德树人提供精神支撑。

（三）彰显品牌特色

打造高校的文化品牌是一项复杂的系统工程，需要整体谋划、立足长远、着眼全局，将品牌建设纳入高校的总体发展规划，提升高校文化的辐射力和吸引力，进而发挥品牌效应，促进立德树人工作的顺利开展。首先，在打造文化品牌的过程中，要注重发挥高校的学科优势和文化优势，扩大高校在社会中的影响力；其次，要将文化建设与校园设施充分结合，建设特色鲜明、识别性高的文化景观，充分展示高校的精神文化、价值观念和办学理念；最后，要树立造福人民、服务社会、培育人才的文化建设理念，扩大文化建设的参与度和覆盖面，增强立德树人德育工作的教育性、思想性和先进性。

（四）完善制度规范

建设高校文化要以制度为保障。首先，高校要结合自身的办学实际，建立规范的制度，保证制度的系统性、引领性和科学性，为发挥高校文化的育人价值创设良好的环境；其次，要注重对各项教育资源的挖掘和整合，创新制度建设体系，将管理的层次性和制度的系统性充分融合，打造规范、严谨的制度体系；最后，高校领导要发挥带头作用，多方互动协调，构建全方位、全覆盖的德育网络。

（五）加强校园建设

首先，校园文化建设要紧扣立德树人的教育任务，实现自然景观和文化景观的科学搭配，规范建造流程和设计规划，发挥校园的环境优势和人文优势，为师生创设高雅而富有内涵的校园环境；其次，文化建设要积极吸收优秀的外来文化，将外来文化和传统文化进行有机结合，打造文化展示宣传平台，营造积极、健康的校园氛围；最后，要综合考虑高校改革和历史传统的关系，加强综合设计，规范整体管理，突出校园的育人价值。

总而言之，立德树人是高校德育的根本任务。高校要发挥自身的文化优势，将立德树人作为育人目标，挖掘、整合育人资源，将德育工作落到实处、抓出实效。

第五节 立德树人理念下高校德育的工作机制探索

对高校来说，要实现立德树人这一根本任务，就要从德育工作的现实情况着手，从宏观环境和微观环境两个方面剖析制约高校开展德育工作的各类因素。本节对当前有效开展德育工作的机制改革提出了新的设想，力图从德育理念、校园文化和德育体系等方面构建良好的德育环境。

当前，我国高校的核心职能是培养德才兼备、全面发展的社会主义事业的建设者。人才的培养重在"立德"，衡量高等教育质量的标准可以归结为立德树人根本任务完成的情况。当前，高校落实立德树人的根本任务面临很多现实问题，只有对高校开展德育建设的环境和内在要素进行剖析，才能促进高校德育工作的顺利开展。

一、当前影响立德树人目标实现的因素

随着我国改革开放的深入，人们的思想道德观念和价值取向更加多元化，这种多元的文化价值观念容易使世界观、人生观和价值观尚未完全形成的大学生产生无所适从的感觉，使他们的价值选择更困难，从而陷入道德相

对主义，产生"此亦对、彼亦对"的想法，否认辨别道德是非的必要性。面对这些处在社会转型期的大学生，高校德育工作依然停留在传统的德育体系和评价方式的建设阶段。当前，社会进入改革攻坚期，两极分化现象严重，社会矛盾纷繁复杂，就高校而言，立德树人根本任务的实现受到多方面因素的影响。

（一）理念与实践有所偏离

德育理念是高校建设与发展的核心部分，现在有些高校的德育理念往往针对性不强，对培养什么样的人没有清晰的表述，泛泛的口号往往不能引起教师的重视。普遍来看，高校领导们都非常注重德育对学生成才的作用，但是他们不得不在学科建设、实验室和科研项目上投入更多的精力，这就造成德育理念不能很好地转化为实践，口号和行动之间存在一定的差距。

（二）忽视了对主体的关注

德育主体是德育活动的发起者和推动者，因此，教师在德育过程中起主导作用。要实现立德树人的教育目标，德育主体应该具有良好的道德修养、德育意识和教育能力。但目前的现实情况是：教师的业绩主要体现在科研成果上，教师的德育意识不强。对作为德育对象的大学生来说，生长在市场经济体制下的大学生的主体意识、权利意识、法律意识和竞争意识增强，但他们的享乐主义和拜金主义倾向有所显现，规范意识和诚信意识有待提高。高校德育工作过于强调认知教育，没有客观分析学生的个性特点，不能很好地做到因材施教。

（三）网络阅读影响健全人格的形成

互联网的普及使大学生能够更加便捷地借助网络获取各类信息，但是网上的信息良莠不齐，消极文化对大学生思想的侵蚀不可轻视。长时间在网上浏览不良信息，会使大学生远离经典著作，注意力分散，会削弱大学生透过现象看本质的判断力。过于依赖网络会使大学生染上网瘾，甚至形成心理疾病。

（四）德育理论研究滞后于现实需要

目前我国的德育理论研究还远远不能适应时代发展的要求。虽然国外有许多德育思想理论，但缺乏针对性和实际操作性，给一些高校的德育工作带来了困难，具体表现为：一些高校对社会上许多不良现象不能及时抵制，对实践中需要解决的问题未能有针对性的说明和论证，对享乐主义和拜金主义等消极思想不能进行有说服力的评判和引导。现实生活中，一些情境虽然稍纵即逝，但高校仍然需要给予学生一些具有针对性的分析和指导，实现道德理论研究与社会发展相配合。

（五）德育管理制度不健全

目前在一些高校，教学的地位明显高于德育，教育仍然以应试为主；对德育工作的处理往往偏向管理型，重在约束学生，以防学生出事，这就造成学生对德育工作存在对立情绪，德育工作难以达到良好的教育效果。另外，一些高校对全员育人的认识不够，辅导员事务多、责任大，而一般教师对学生的了解不够，人文关怀少。教师普遍认为，德育是辅导员或班主任的事，并不是所有教职工共同的职责。

二、实现立德树人德育任务的有效工作机制

（一）更新德育理念，凸显德育任务的重要地位

好的德育理念应该体现学校的办学特色和培养目标，高校应该根据本校的特色和特点深化德育理念，并通过多种渠道宣传学校的德育理念。高校

应该把以人为本的理念引入德育实践中，及时掌握学生的思想动态和诉求，以学生的现实需求和疑惑为切入点，对各类社会思潮的嬗变加以分析，对学生在现实生活中出现的德育问题及时给予解答，有效地引领学生品德的发展。

（二）重视校园文化建设，构建良好的育人环境

高校校园文化是由本校的历史传统和育人特色积淀而成的，校园文化是高校的风骨，体现高校的软实力。校园文化包括物质文化、精神文化和制度文化等。物质文化是学校开展德育工作的基础，和谐、优美的校园环境可以陶冶学生的情操，提升学生的品位。校园里激发师生奋进的校训横幅、贴心的提示标语、内容丰富的宣传栏等文化设施，能够将无形的文化理念寓于有形的校园环境之中，使学生受到真、善、美的熏陶。高校的精神文化能够彰显学校的内涵，体现学校的校风和精气神。

只有幸福的教师才能教出幸福的学生，教师乐观、积极的心态以及对幸福的理解和态度，能够对学生产生潜移默化的影响。高校应该关注师生的精神世界和心理健康，着力改善师生的物质生活条件，加强师德修养，使教师发扬并传播社会主义核心价值观。高校作为教育机构，其各项组织管理制度都应该为教育的目标服务，各部门的工作应该与教学和人才培养协调统一。因此，要进一步完善和加强德育工作的政策措施，使高校德育的相关制度与法律法规相协调，与学生成长、成才的需要相适应，与学校教育、教学管理制度有机结合，形成人性化的管理体系。

（三）建立合理的德育评价体系

道德的形成分为三个阶段：道德认识、道德体验和道德行为，具体指标可以分为道德品质、日常行为和遵守规范的情况。高校办学应该改变现有的

质量评价体系，采取多元评价的方式，立德树人根本任务的考核指标应该占适当的比重。高校应该将德育评价指标划分为不同的层次，对教师的德育工作水平进行量化考核，同时，把立德树人的成效纳入教师德育工作的考核评价制度和表彰奖励制度中。优秀教师的评定、先进集体的评选都要把立德树人的成效作为重要的依据。

（四）整合力量，形成德育工作的新体系

高校党委要统一领导，党政齐抓共管，思想政治部、学生处、团工委多方面协调互动，依托学校党政工团干部、思想品德课教师、心理健康教育教师、班主任等为主的德育骨干队伍，形成全方位的德育网络，共同推进德育工作。同时，高校要加强网络文化建设和管理，利用立德树人的网络载体，优化网络舆论环境，使思想道德教育进入网络、微博和微信，使网上信息和实际工作协调、同步。

（五）把握立德树人的重要渠道，提高德育课程的有效性

在高校德育工作的开展过程中，德育课程无疑是开展德育教育的主要载体，其目标是大学生正确价值观的形成，而当前的德育课程以知识传授为主要内容，教学方式死板、机械，在学校的地位不高。高校应该采用师生喜闻乐见的形式，把社会主义核心价值体系融入校园的文化宣传工作之中，使正确的思想理论和价值理念贴近生活、贴近实际、贴近师生，把思想引领的工作渗透到学校生活的各个方面和各个环节。同时，要加强对德育工作全局性问题、前瞻性问题及现实问题的研究，从而获得有价值、有分量的研究成果，提高德育工作的水平。

古往今来，凡成大事者无不具有高尚的道德修养和作风品行。高校承担着培养国家建设者和接班人的神圣使命，必须切实做好大学生的德育工作，

提高大学生的道德认知水平，促进大学生合乎社会主义核心价值观的道德习惯的养成。

第六节　立德树人与高校的全方位育人

本节以立德树人为出发点，从加强组织领导、健全育人队伍、优化育人环境、拓宽育人途径、规范评价机制五个方面对高校全方位育人策略进行研究，以期提高德育工作的实效性，切实提高新时代大学生的思想政治素质，将大学生培养成合格的中国特色社会主义事业的建设者和接班人。

一、立德树人视阈下高校全方位育人的内容体系

2016 年，习近平在全国高校思想政治工作会议上发表重要讲话强调，要坚持把立德树人作为中心环节，把思想政治工作贯穿教育教学全过程，实现全程育人、全方位育人，努力开创我国高等教育事业发展新局面。其中，全方位育人是一个重要的环节。对此，高校教育教学要充分运用多种手段、方法和载体，调动各方力量，不仅要抓住"课堂教育"的主阵地，也要利用丰富的第二课堂以及和学生息息相关的学生活动、学生工作等，将对学生的思想政治教育渗透到学校工作的方方面面，充分发挥"教学育人""管理育人""服务育人"的作用。

二、立德树人视阈下实现高校全方位育人的意义

大学生正处于人生发展的关键时期，尚未形成成熟的世界观、人生观和

价值观，容易受到不良思想的影响，因此，必须对学生加以正确引导。高校要做好大学生的思想政治教育工作，实现"立德树人"的最终目标。大力推进高校全方位育人，将思想政治教育贯穿育人的全过程，可以更好地实现这一重要而紧迫的战略任务。全面育人是由多个育人途径形成的有机整体，各个育人途径之间既相互影响又相互贯通，忽视任何一方都会对育人工作产生不利影响。通过全方位育人，可以形成全面育人格局，调动各方力量，整合有效资源，同时根据时代进程的不断发展，创新育人机制，为德育工作的顺利开展提供有力支持，提高育人工作的实效性。

三、立德树人视阈下高校全方位育人的策略

（一）加强组织领导

全方位育人是一项系统性、长期性、立体性的工作，需要高校各部门形成教育合力，保证育人工作的顺利推进。因此，高校应该建设一个由党委领导的高素质、高水平的领导干部队伍，统筹协调，整合全校资源，形成资源合力，有效地统领学校各部门的德育工作，充分发挥专业教师、学生工作人员、行政管理人员以及后勤管理人员的作用，确保各项工作措施落到实处。

（二）健全育人队伍

1. 坚持教师"教书育人"的主导地位

课堂教学是对学生进行思想政治教育最直接的途径，思想政治课的教师在高校德育工作中发挥主导作用。为了保证教育教学成果，专业教师应该不断提高自身的专业技术水平，加强理论学习，创新教学手段和方法，培养学生的学习兴趣，让学生能够主动投入到思想政治理论的学习中去。此外，教师应该不断加强自身的道德修养，为学生树立榜样，通过言传身教，帮助

大学生树立正确的人生观、价值观和世界观。

2．发挥学生管理人员的"育人"作用

辅导员和班主任等一线学生管理人员在学生思想政治教育中发挥着骨干作用，通过对学生的日常管理，把有效的思想政治教育渗透到学生学习和生活的方方面面。根据大学生的成长规律以及他们在不同年龄阶段面临的实际问题，在新学期制订不同的计划和安排，借助班会、校园文化活动、校外实践和志愿者活动等多种途径，对学生进行思想政治教育，将思想政治教育和解决学生的实际困难相结合，增强教育的针对性和实效性。

3．挖掘后勤管理人员的"服务育人"作用

充分挖掘后勤管理人员的服务育人作用，利用后勤资源，全方位、多维度地向大学生传递正能量。通过开展学生公寓、食堂和物业等方面的工作，保证宿舍的和谐、饮食的健康以及校园的安全，为思想政治教育工作的顺利开展提供服务、创造条件。同时，通过规范化、人性化的管理和服务，传达爱岗敬业、无私奉献的精神，达到潜移默化的德育效果。

4．引导学生"自我教育、自我管理、自我服务"

教师要引导学生树立主人翁意识，使其主动参与到学生教育、管理、服务中来。在教师的带领下，充分发挥党团组织、学生会、学生社团的先锋带头作用，逐渐实现班级自我管理，让学生变被动为主动，调动学生的积极性。在实践过程中，高校要将德育思想内化为学生的日常行为，提升学生的综合素质。

（三）优化育人环境

校园环境不仅包括校园设施，还包括校园文化氛围。健康、和谐的校园环境为高校大学生成长、成才提供保障。首先，应该给大学生提供方便、舒

适的校园环境，为学生创造必要的硬件条件。其次，应加强校园文化的建设。具体做法有：在学生中开展诚信教育和纪律教育，加强学风、考风建设，打造良好的学习氛围；在教师中开展师德、师风建设，坚持教书和育人相结合，引导广大教师以德立身，以德立学，以德施教，为育人环境提供保障；开展心理健康教育，提高大学生的心理素质，维护和谐、稳定的校园环境；优化育人环境，将思想政治教育渗透到学生的日常生活中，以潜移默化的方式达到育人的效果。

（四）拓宽育人途径

随着时代的发展，高校德育教育的途径正在不断拓宽，教育模式也得到了创新，教师对学生的教育从课上发展到了课下，从生活中发展到了网络里。高校必须不断创新教育机制，保证各种育人途径协同发展，才能更好地实现育人目的。

1. 坚持课堂教育为主

课堂是思想政治教育的主要阵地，因此，学校应该重点加强思想政治课程建设。首先，高校应该大力推进教学方式改革创新，改变传统的"填鸭式"教育，让学生更多地融入课堂中，形成互动型教学，增强教育实效；其次，高校要顺应"互联网+教育"新趋势，打造线上精品课堂、微课、慕课等，增强优秀课程对学生的吸引力。除此以外，高校也可以定期开展道德讲堂和法制讲座等，拓宽课堂教育的形式。

2. 拓宽课外实践渠道

高校思想政治教育工作不仅要抓住课堂教育的主阵地，也要提供各种实践机会，让学生在参与的过程中加深对所学理论知识的理解。高校可以通过开展校园文化活动、主题教育活动、支教活动、到养老院慰问等活动，培养学生无私奉献和艰苦奋斗的精神；通过带领学生参观爱国主义教育基地以及学习革命历史等，对学生进行爱国主义教育。

3. 巩固网络德育阵地

高校要坚持以社会主义核心价值观为引领，巩固网络阵地，对学生进行思想政治教育，弘扬主旋律，传播正能量。高校要搭建校园网络平台，发布思想政治工作相关的重要会议精神和讲话内容，引导学生学习，对学生进行正面引导，形成正确的价值导向；高校要培养和挖掘校园网络意见领袖，把握网络话语权，营造健康、正面、理性的网络环境；高校要借助多种互联网平台，对学生进行思想政治教育，拓宽教育路径，增强教育实效性。

（五）规范评价机制

首先，要明确评价范围，这既包括对学生的德育评价，也包括对全体高校教育工作者的工作评价，要做到全员参与。其次，要确定评价内容，建立科学、合理的评价体系，进一步明确高校教育工作者的职责分工。再次，应该针对评价结果，实施相应的奖惩措施。高校可以通过评价全面掌握学生的思想政治表现及其发展水平。最后，规范评价机制。对高校教育工作者而言，规范评价机制一方面可以对高校教育工作者起到监督作用，另一方面可以提供育人效果的反馈，使高校教育工作者根据反馈结果进行改进。

第七节 立德树人与高校学生管理

德育为教育之本，是当前高校工作的首要任务。立德树人理念的提出为当前的高校学生管理工作指明了管理方向，它是高校实现进一步发展的必然要求。在高校中，学生管理工作是高校工作的重要组成部分，主要是对学生进行规范，维护高校的正常教学秩序，对学生进行正确引导，维护校园的稳定，为学生的全面发展做准备。

高校的教育始终要坚持以人为本，始终把育人作为教育的最终目的。立德树人的根本理念就是帮助学生树立正确的价值观，培养学生的思想品德和能力，让学生成为德、智、体、美、劳全面发展的人才，做合格的社会主义建设者和接班人。高校管理的主要理念也是帮助学生树立积极的信念，让学生形成正确的思想道德观念，树立远大的理想，以便更好地满足社会需求，为我国的社会主义建设添砖加瓦。

一、高校学生管理的内涵

高校学生管理主要是指对学生的行政管理和思想管理。对学生的行政管理主要是指对学生生活上的管理和学习上的管理，生活上的管理主要包括对学生宿舍的管理以及关于学生工作的各项安排，如对学生成绩的考核、奖惩制度、招生计划、学生的就业以及学生文凭的各项管理工作等。对学生的思想管理主要是指对学生的思想政治教育，让学生在思想上、道德上、心理素质上都有所提高，为社会建设做好准备。

二、高校学生管理工作坚持立德树人理念的必要性

（一）有助于推进高校学生管理工作的改革

高校学生管理工作要想切实提高其实效性，就必须把"德"充分融入现行的学生管理体制中，坚持立德树人，坚持以高尚的道德发展作为人才培养的支撑力量，把立德树人的教育理念贯彻落实到具体工作中，培养德才兼

备的高素质人才。

（二）有助于提高高校学生管理的服务水平

立德树人理念是推动和提高高校学生管理服务水平的重要力量，它要求高校把德育教育和具体事务的管理相结合，以柔性的德育教育促进高校学生管理服务水平的提升。例如，在学生管理方面，为了更好地与学生进行交流与沟通，高校要积极为学生搭建全方位的服务平台，营造和谐、融洽的校园文化氛围，这样才能更好地掌握学生的思想和行动动向，为学生的成长提供精神支持，更好地培养高素质人才。

（三）有助于培养全面发展的高素质人才

高校的使命在于培养高素质人才，其中，道德水平要比知识与技能更加重要。因此，在高校人才的培养中，要置德育于知识与技能之上，品德培养是高校的教育之本。高素质人才的培养是高校核心价值的重要体现，贯彻落实"立德树人"的理念，全面提高学生的道德水平，是新时代高校德育教育的重要内容，也是社会对高校德育教育的必然要求，更是时代发展的长远诉求。

（四）是践行社会主义核心价值观的必然要求

党和国家强调要树立科学的社会主义核心价值观，这也是中华儿女参与构建社会主义和谐社会的必要条件。社会主义核心价值观的内容涵盖国家、社会和个人，不但明确了立德树人理念的价值标准以及依据，更根据时代的发展步伐赋予了"德"的新内涵。可见，高校德育贯彻立德树人理念是高校践行社会主义核心价值观的必然要求。

三、立德树人理念下高校学生管理工作存在的问题

（一）管理理念落后

管理理念落后极大地限制了高校学生管理工作的科学、有序开展。时代的发展带来了更多的民主意识，鼓励人们积极参与到各项社会活动中。然而，部分高校的学生管理工作者保留着"官本位"的陈旧思想，仍然采用带有强制性的管理手段进行学生管理工作。例如，很多高校的学生管理工作者忽视了学生的道德发展，以维护学校的稳定为工作的出发点，一味关注事务管理，以管理者的身份自居，随意向学生发号施令，与学生群体形成鲜明的管理者与被管理者的关系，偏离了培养德智体美劳全面发展的人才的初衷，容易引起学生的逆反心理，影响了高校有序的工作状态。再如，很多高校目前对学生的评价仍然使用单一的智育标准，重视成绩，轻视学生多元智能的发展。这种无视学生的个体差异与主体地位的评价方法，阻碍了学生的个性发展。

（二）学生管理"强制性"突出

高校学生的数量多，学生个体间千差万别，每个学生都有各自的特点，因此，高校在学生管理工作上必须遵循因材施教的教育规律。然而，目前很多高校在学生管理工作中主要采取传统的行政手段，"强制性"突出，学生管理工作者以一种高高在上的态度工作，对学生群体中出现的违反规定的现象，采取通报批评、警告以及开除等不同程度的惩罚措施。这种高压的管制方式，严重违背了以人为本的育人理念，在忽视学生个性发展与价值实现的同时，也侵犯了学生的尊严，很容易引起学生群体的反感，激起逆反情绪，不利于校园关系的和谐发展，影响了高素质人才的培养，影响了高校社会价

值的实现。

（三）忽视全员育人

就高校学生管理工作而言，"立德树人"中的"人"是指全体学生，而不是少部分的学生干部。但是在目前高校学生管理的现实工作中，很多辅导员把主要的育人任务落实在了学生干部这一少数群体上。虽然通过多种活动的锻炼，少部分学生的个人素质和实践能力等得到了很大的提高，但忽视了对学生的全员教育。在高校现实的互动关系中，教师是管理的主体，少数学生干部担当传达高校意愿的媒介，而绝大部分的普通学生则成为经常被忽视的被管理者，这与立德树人的德育培养理念背道而驰。在这种互动模式下，全体学生的德育养成必然是不完全的，这就严重阻碍了高素质人才的培养。

（四）优秀校园文化欠缺

校园文化是一种无形的力量，不同的校园文化氛围会产生不同的人才培养模式与成果。校园文化通常以校规和校训等形式展示出来，没有规矩不成方圆，没有制度的约束就没有秩序。有凝聚力和引导力的校园文化，无疑对高校的人才培养起到了潜移默化的作用。目前很多高校缺乏这种有意义的校园文化氛围，很多学生入学已久，却还不知道自己所在学校的校史、校规和校训是什么。同时，互联网技术的发展也在影响学生的思想意识和行为。在一个缺少主旨文化氛围熏陶的校园中，思想意识尚未成熟的大学生很容易被社会的不良风气影响，高校中发生的考试作弊、诚信缺失以及拜金主义等现象就证明了这一点。

四、立德树人理念下提升高校学生管理工作水平的路径

（一）完善工作管理制度

立德树人理念的落实，需要不断发展并完善高校的学生管理工作制度。首先，要对已有的学生管理制度进行梳理，继续实行有效的制度，对有弊端的部分进行修改完善；其次，时代发展的速度很快，高校要结合科学的教育规律，根据学生的具体情况制定新的规章制度，以应对立德树人理念下的学生管理工作；再次，高校要不断巩固工作管理制度的执行力，把科学的制度落到实处，增强高校工作的实效性；最后，还要进一步完善相关的学生工作考核机制，要注意把"立德树人"作为一项重要的考核指标，并制定具体的标准，考核中要注意定性和定量相结合。

（二）革新工作理念

能否树立先进、科学的工作理念，决定着高校学生管理工作者的工作方向是否适当，因此，当下相关工作者必须牢牢树立"立德树人"的科学教育理念。首先，相关管理人员应当与时俱进，革新自己的工作理念，坚持以人为本，把人文关怀真正落到实处，把"立德"与"树人"紧密结合起来，使学生管理工作有序进行；其次，应改进具体的管理措施，新时代的学生有新的发展特点，学生管理工作要遵循教育规律，尊重学生的差异，了解学生的发展需求，用更能贴近他们生活的方法进行管理，使学生的管理工作既有章可循，又能够体现出管理者的人文关怀。

（三）营造浓厚的校园文化氛围

理想信念教育是营造和谐校园文化氛围的重要部分。首先，高校要重视

学生的理想信念教育。社会主义和谐社会下，要教育并引导学生学习马克思主义科学思想，树立正确的人生观、价值观和世界观，坚持实事求是，坚持以马克思主义科学理论指引实践活动。其次，"立德"最终是要为社会"树人"，造就能够为国家发展做贡献的有用之人，因此，高校要注重对学生进行爱国主义教育以及社会责任教育，让服务国家、服务社会、服务人民的社会责任感深入学生的头脑。只有热爱国家、热爱人民，才能够更好地为国家和人民服务。最后，高校应该开展多种形式的社会主义核心价值观实践活动，如慈善募捐和社会志愿者活动等，让学生在社会实践中进一步提高自身的综合素质。

（四）创建全方位服务平台

高校的学生管理工作，实质上就是通过各部门的协调配合，为学生提供优质便捷的服务。面对新时代学生群体的发展特点，高校可以做以下努力：建立大学生就业指导中心，通过对学生进行科学的职业教育、收集社会用人信息等多种途径帮助大学生就业；创建心理咨询与辅导平台，通过心理课程、团体辅导以及个别跟踪等方式，了解大学生的心理发展需求，缓解其压力，塑造学生健康的人格，助力优秀人才的培养；保障并完善后勤生活服务，在保障后勤服务设施正常运行的前提下，不断更新服务理念，提高后勤服务水平，鼓励学生积极参与学校后勤保障管理工作，为学生的学习和生活提供保障。

现代教育理念倡导把学生的综合素质培养作为教育的主要目标，而综合素质中的品德教育是最重要的一部分。把立德树人作为高校学生管理工作的指导思想，有利于高校德育工作的顺利开展和高素质人才的培养。因此，高校要不断深入学习立德树人理念的重要意义，真正把育人工作落到实处。

第五章 立德树人视阈下的
高校德育工作研究

第一节 立德树人视阈下的高校德育工作

国家的飞速发展，不仅需要发达的科技，更需要与之匹配的人才。在各方面与时俱进的同时，国家要强力推行素质教育。当前的社会已经踏入了新经济时代，所以对高校的德育工作也提出了更高的要求，立德树人是当今新时代教育工作的目标和策略，高校德育工作应该坚持以学生为中心，因材施教，不断推进教育行业的创新和进步。

一、立德树人和高校德育基本理论概述

（一）立德树人的内涵

随着社会的发展和人类的不断进步，人们的思想在提升，人们的价值观发生了改变，人们的道德规范也在不断地更新，"立德树人"这一概念也在不断地更新。

首先，立德树人的主要任务是树立师德。教师的主要任务是教书育人，育人就是树人，教师是学生成长路上的引领者。在新时代要求下，高校立德

树人可以从两个层面来理解：从个人层面来说，立德树人包括职业道德、社会公德、个人品德以及家庭美德；从国家层面来说，高校是培养人才的摇篮。高校的德育工作是让学生全面发展，从德、智、体、美、劳五个方面，为国家培养社会主义建设者和接班人。

其次，高校立德树人要凸显特色。高校的主要任务就是教育学生，不仅包括知识文化教育，还包括思想教育，也就是我们常说的意识形态教育。在教给学生文化知识的同时，还要注重学生思想政治方面的教育。

最后，在新时代的要求下，高校必须注重特色教学，学习先进的教育教学理念，把"立德树人"作为学校的办学宗旨，不断创新教学模式，提高学生的思想政治觉悟，建设有中国特色的一流高校。

（二）立德和树人之间的关系

立德是树立自己的人生观和价值观，树人是培育优秀人才，立德是树人的前提，人在成为有素质的高质量人才之前就应该有自己的思想道德。如果只有立德，人就不能成为高素质人才，不能成为优秀的社会主义建设者和接班人；但是如果我们只是单一地树人，就会丧失从古代传承而来的美德，人们的素质也会变得低下，成为一个不完美的人。所以说，立德和树人是相互依托的，它们的关系密不可分，相互联系，相互制约，是不可分割的整体。

树人的方法是立德，在现实生活中我们离不开立德。没有道德，人们的行为将不受制约，社会将变得混乱，自身也难形成正确的人生观和价值观，不能实现个人价值，所以立德是树人的前提。

（三）立德树人与高校德育工作之间的关系

首先，立德是高校德育的根本。在古代，人们倡导的是仁、义、礼、智、信，到了现代，人们倡导社会主义核心价值观，这些都体现了立德的重要性。

高校应该注重德育教育，即用社会主义核心价值观对高校学生进行思想政治教育，让学生了解其意义和价值，树立正确的价值观，加强自己的道德修养，提高政治觉悟，这是高校德育工作的根本。

其次，树人是高校德育的核心。教育者要始终把德育和树人作为教学的根本任务，促进学生全面发展，提升学生的思想道德素质，让学生成为具有综合素质的人才；让学生具有正确的价值观，有自己的独立意识，让学生树立正确的价值观，成为对社会有用的人。

二、我国高校德育教育面临的社会压力

（一）社会上存在的陈旧观念

当今刚毕业的大学生普遍面临两种选择，第一种是考研，第二种是进入社会参加工作。长辈们的观念是"望子成龙""望女成凤"，认为孩子有个好的成绩就一定会有出息。然而，当学生步入社会的时候，却发现现实与长辈们的描述并不一样，能不能有好的工作和在学校时成绩的优劣并没有必然的联系。传统教育的思想和观念过于刻板、陈旧，使学生难以把握现实情况。

我国教育的知识教育成果是较为显著的，学生的理论知识根基特别牢固，但是缺乏实践。学生自认为没有问题，但当真正碰到实际问题时，学生却不知道该如何运用曾经学习过的理论，这就是人们常说的"眼高手低"。而学校为了让学生能够加强技能，为相应的岗位提供相应的人才，在打牢理论基础的同时也加大了技术培训的力度。学校迫于传统教育思想和社会压力，始终没能把德育教育放在首位。

（二）"乌托邦"式的教育

部分教育工作者容易把现实进行过度美化，将美好的一面展现给学生，使得教学内容"高、大、空"，不能贴近学生的生活和心理；脱离学生的生活实际，过于理想化而忽略了实际问题；不能有效地帮助学生在思想、德育方面进步，影响了教育在人们心中的地位。

三、我国高校德育教育的改革措施

（一）坚持"以学生为中心"

高校要进行德育教育，首先，应明确德育教育在教育工作中的重要地位。在进行德育教育的过程中，要针对不同的学生制订不同的教学方法，不能仅以一种教学方法进行德育教育。要坚持"以学生为中心"，培养学生的自主性。其次，高校应确定统一的德育教育目标，并根据不同的学生设置不同的路线，最终实现德育效果，使学生不论在德育方面还是文化方面，都可以很好地适应社会，并且实现个人价值。

（二）与时代齐头并进

社会在进步，高校的教育也要随之进步，不管哪个领域，都要不断创新才能有坚持下去的动力。教育一定要有前瞻性，能够服务于学生，并且能为社会培养优质的人才。同时，要有专业和高素质的教师，要大力培养教育界人才，有更为严格的选择标准，才能推动教育事业的发展。

（三）建设一支德育师资力量强大的团队

想要实现高校德育工作的优化和改革，教师作为主要引导者，必须肩负起相应的责任和义务，为学生的思想道德、价值观念的形成等进行正确、积极的引导。首先，高校要注重对教师团队的定时培训，提升教师的专业能力和综合素养，比如，定期组织培训会和教师交流会等，将一些先进的教学理念渗透给教师，促使教师的思维跟上时代的发展变化。其次，教师自身也要加强学习，通过各种途径来提升自身的文化素养，审视自己在德育教育方面的不足，根据现实情况不断创新教学模式，提高德育教育的质量，促进学生道德素养的提升。最后，教师要多了解学生，坚持"立德树人"的教学理念，与学生建立亦师亦友的新型师生关系，倾听学生的心声，帮助学生解决问题。

第二节　立德树人视阈下高校德育工作的量化

　　2016 年，全国高校思想政治工作会议强调，思想政治工作从根本上说是做人的工作，必须围绕学生、关照学生、服务学生，不断提高学生思想水平、政治觉悟、道德品质、文化素养，让学生成为德才兼备、全面发展的人才。高校作为国家人才培养的第一阵地，既要提高学生的知识水平，又要关注思想政治建设。在习近平新时代中国特色社会主义思想的指引下，立德树人已经成为高校教学改革的重要内容，建立科学有效的德育工作量化模式对推进高校思想政治教育有着重要的作用。

一、我国高校德育教育的发展现状

（一）我国德育教育的时代背景

　　我国有着悠久的文化历史和深厚的文化积淀，在中华民族发展的历史长河中，形成如尊敬师长、助人为乐、艰苦朴素、乐善好施等优良传统美德，这些文化精髓成为高校德育工作的基础部分。国家一直以来高度重视德育工作，在中华人民共和国成立之初，国家就把培养德才兼备的人才摆在首位，高度重视人才强国、科教兴国的战略。为此，国家提供了大量政策、财力和设施支持。建设以共产主义思想为核心的社会主义精神文明是中国共产党新时代的重要任务，思想建设与我国精神文明建设息息相关。我国的社会主义经济和政治制度决定了革命理想、道德和纪律是我国高校德育的主要内容，决定了高校毕业生应该具备为人民服务的献身精神和共产主义的劳动态度。

（二）我国高校德育教育的现状

党的十七大提出"坚持育人为本、德育为先"，十八大提出将立德树人作为教育的根本任务，党的十九大明确提出"建设教育强国是中华民族伟大复兴的基础工程，必须把教育事业放在优先位置，加快教育现代化，办好人民满意的教育"。立德树人是高校教育的出发点和落脚点，更是高校的生命线。贯彻落实立德树人的根本任务就是强调高等教育要建立健全全员育人、全过程育人、全方位育人的"三全育人"工作机制，坚持把思想政治教育贯穿高校教育教学全过程，把立德树人作为高校人才培养的根本任务和切入点，实现教育"为人民服务、为国家发展服务、为建设中国特色社会主义制度服务、为实现中华民族伟大复兴的中国梦服务"。

二、高校实行德育工作量化的意义

高校德育工作要做得深、抓得实，就必须量化，量化的最直接方法是将德育内容转化为德育学分。高校在人才培养过程中将学业学分与德育学分相结合，既能确保学生理论知识、实践能力的掌握，又能实现学生综合素质的提高。

（一）德育工作量化有利于素质教育实践活动的全面开展

实行德育学分制管理可以将大学生德育学习纳入考核管理，形成直观的、完整的、可测量的、可管理的德育培养体系，让大学生明确德育的教学任务、学习方法和学习内容，引导大学生合理地、自主地、有针对性地、有步骤地参与综合实践活动，及时发现自身的不足，提高大学生学习的积极性和主动性。

（二）德育工作量化有利于全员育人工作机制的形成

传统高校德育工作的执行部门一般为团委、思想政治教研室和学生处，德育工作量化后可以将德育工作覆盖专业教师、二级学院、教务处及就业处等职能部门，可以综合配置德育学分工作量和管理权限，提高德育教育的覆盖面，全方位、多部门联动形成合力，有利于大学生综合能力的提升。

（三）德育工作量化有利于提高大学生的就业能力

正确的就业观关系到毕业生职业生涯的选择和发展，正确的就业观来源于正确的思想品德。人格是一个人精神修养的集中体现。青年大学生要坚守精神追求，处理好公和私、义和利、是和非、正和邪、苦和乐的关系。德育工作的量化贯穿整个大学生活，时刻影响大学生人格的养成，在潜移默化中帮助大学生树立正确的世界观、人生观和价值观，树立正确的就业意识和择业意识，有利于提高大学生的就业能力，也有利于大学生未来的职业生涯发展。

三、我国高校德育工作的不足

（一）德育学分制度有待进一步完善

目前，德育学分作为一种新的尝试在学分转化过程中仍存在一定的局限性，主要体现在三个方面：一是没有尊重个体差异，主观性太强。一些教学单位在设置德育学分过程中主观制定出考核标准，要求学生按照标准完成任务，考核方式比较单一，容易将德育与智育考核混淆，把学生的智育成绩误作为德育成绩，导致评价结果的可信度低。二是德育内容量化难以制定统一的标准。德育过程是学生思想转变和观念提升的过程，在制定德育考核标准的过程中部分德育工作者不能以发展的眼光看待学生行为的变化，德育内容量化缺少统一的标准。三是综合性考核有欠缺。单个部门或者少数部门难以全面地了解学生的综合素养，考核者对学生的认知有限，在缺乏有效数据支撑时，只能依靠日常的了解做出判断，学生性格差异和考核者个人喜好等都会直接影响考核结果，容易导致考核过于片面。另外，超出本部门考核权限的内容容易因为专业能力和知识水平的限制难以得出准确的考核结果。

（二）德育考核内容有待进一步完善

德育学分设置的考核内容不仅要与学生个人职业生涯发展相关，而且要及时反映社会道德和社会热点问题。目前高校德育教育内容相对滞后，未能将中国传统道德文化与先进的社会发展理念相结合，缺乏实用性，难以与大学生产生共鸣，不能将德育考核内容转变为内在的先进思想。一些院校德育实施部门比较单一，未能形成良好的德育协同互动机制，没有充分利用各职能部门的特色与力量，导致对德育考核内容了解不充分、管理不及时、考核不全面。学校应当充分结合行政队伍、思想政治队伍和学生组织，形成德育教育合力，加强与学生之间的互动反馈，形成有主有辅、有进有变、有点有面的德育考核内容体系。

（三）德育学分量化管理观念的片面性

德育作为高校人才培养的重要内容必须高度重视，但德育考核与可以完全按照成绩和既定流程衡量、核定的学业考核不同，因此，部分教师和学生在德育学分量化实施过程中容易产生排斥情绪，不能客观地认清德育的目的与要求。德育内容一旦作为学分量化，则有一定的强制性，部分师生可能认为德育是人的思想品德和内心活动的一种形式，难以通过具体的事件来衡量，德育行为的认定并不能如实体现学生的内在想法。但是大学生具有很强的可塑性，正确的行为引导和潜移默化的思想教育可以改善并提高学生的德育水平。让学生进行正确的自我认识、环境认知和职业认知，有助于大学生正确衡量和改善自身不足，同时，德育学分的实行在一定程度上能够激发学生的竞争意识，使大学生在竞争的环境中完善自我。因此，高校要正确看待德育学分量化的两面性，努力消除不利因素，积极进行正面引导。

四、高校德育工作量化模式的构建

十八届三中全会通过的《中共中央关于全面深化改革若干重大问题的决定》提出，全面贯彻党的教育方针，坚持立德树人，加强社会主义核心价值体系教育，完善中华优秀传统文化教育，形成爱学习、爱劳动、爱祖国活动的有效形式和长效机制，增强学生社会责任感、创新精神、实践能力。高校应该将其作为教育改革的目标和导向。深入落实高校德育工作要不断创新工作形式、强化工作手段、提高工作效率，德育学分制是德育工作量化管理不断创新的产物，是提高高校教师德育能力的重要途径。德育学分、思想政治学分和专业学分相结合的共建模式，可以让德育真正落到实处，实现可持续发展。

（一）提高高校德育工作者的素质和能力

1．努力提高个人德育素养

高校德育工作者作为立德树人的执行者，应该加强德育理念的学习和研究，坚定德育为先的工作思路。德育工作的量化标准需要德育工作者在深入了解德育内涵的基础上制定与执行，量化的最根本目的就是通过考核督促大学生了解德育的内容并付诸行动，进而形成内在德育意识。高校德育工作者应该积极引导大学生在专业学习、校园文化、社会实践、自我管理等方面与社会主义核心价值观相结合，把实现中华民族伟大复兴的中国梦作为奋斗目标，坚定为社会主义事业贡献力量的决心。

2．树立正确的德育观

高校德育工作者要树立"立德树人"的理念，以"四个引路人"思想为指引，锤炼学生品格、教授学生知识、创新学生思维、教导学生奉献国家。认真做到德育与智育相结合，关注学生的切身利益和思想动态，从我做起、从小事做起、从现在做起。努力实现《国家中长期教育改革和发展规划纲要（2010—2020 年）》的要求，坚持全面发展，全面加强和改进德育、智育、体育、美育，坚持文化知识学习与思想品德修养的统一、理论学习与社会实践的统一、全面发展与个性发展的统一。

（二）德育工作量化要以人为本，共性与个性相统一

1．坚持以人为本，从学生的实际出发

大学生作为独立的个体在生理上趋向成熟，但在心理方面仍不完善，高校德育工作要充分尊重学生的主体地位和需求，引导学生提高德育认知能力，坚持德育、智育、体育、美育、劳育"五育"结合，培养具备综合素质的新时代大学生。

2．注重个性化引导

由于性格、价值观、家庭环境、成长环境等的不同，大学生之间存在差异，德育工作的开展应该在充分了解个体差异的基础上进行，需要深入关注个体的学习、生活、思想特点，采取有针对性的考核手段，以满足学生的个性化需求。同时将社会教育资源与教学资源相结合，让学生在社会实践中增强道德意识和实践能力，做到知行合一。

3．加强沟通反馈

高校要改变传统的强迫学生学习的思想，形成集讲座、社会实践、志愿活动、各类竞赛等于一体的考核方案，引导学生主动学习和思考，激发学生的学习兴趣和探索、创新精神。让学生在参与活动和沟通交流中产生危机意识和竞争意识，校内校外相结合，增强学生的历史使命感和责任感。

（三）德育学分制量化的实践探索

德育学分制的实行是高校德育工作的重要环节，是对学生的思想道德素质、职业技能素质、人文身心素质和开拓创新素质等方面发展情况的综合评价，对规范学生言行、提高学生综合素质、引导学生全面健康发展和创建文明、健康、和谐校园具有积极的作用。学生德育学分制量化以学生思想品德综合考评的方式开展，采用定性分析和定量分析相结合的办法考评，德育学分是评奖评优、党员发展、升学就业及社会推荐的必要依据。德育学分考评坚持实事求是、教育性和导向性原则，确保评价过程和结果公开、公平、公正。下文以高职院校为例，阐述德育学分制量化的具体实行细节：

1．德育学分分数的设置

高职院校一共分为 3 个学年 6 个学期，将德育学分总分设置为 10 分，在 5 个学期内完成，每个学期分值为 2 分；将学生每学期德育学分综合考评成绩满分设置为 100 分，由基础分 60 分、德育综合加分、德育综合扣分三项内容组成。基础分的获得需要根据思想道德素质、法纪法规素质、人文身心素质、文明礼仪素质、职业实践能力素质五个方面的表现，由班级民主评议确定考评成绩；德育综合加分项主要包括竞赛与专利、优秀学生干部、文体活动、创新创业、志愿者活动及荣誉证书等内容。德育综合加分和扣分不设分数限制。最终综合考评总分高于 100 分按 100 分计，不足 0 分按 0 分计。

2．德育学分成绩高低的体现

学生每学期德育学分综合考评达到 60 分以上，即可获得本学期 2 个学分；60 分以下算作 0 分。学生在校期间的德育学分达到 10 学分才具备毕业资格。奖学金的评定以学生当年德育平均成绩作为参考，年度德育综合考评平均成绩低于 80 分的，取消其国家奖学金、省级三好学生、优秀学生干部、省级优秀毕业生等的候选资格。学期德育考评成绩在 60 分以下的，学校应该及时与其沟通并告知其监护人，督促其对自身表现进行反省并形成总结报告，并以做校内义工的形式进行补修。

校内义工活动作为德育学分的补充内容，旨在学生主动自愿申请、不计劳动报酬的前提下，为加强校园德育建设、共建文明校园而提供的服务。由学校根据各部门的义工服务需求，整合发布校内义工服务岗位需求，包括德育监督员、勤工助学、志愿者服务、文明宿舍、校园纪律、维护卫生等内容。

3．德育学分的考评及实施程序

德育学分综合考评和实施由学校成立的专门工作小组负责，各部门在工作小组的指导下负责本部门德育学分的评定，并将测评结果及时对外公布。各二级学院是德育学分实施的直接责任单位，由辅导员或班主任具体组织实施德育综合考评。德育加分项由学生提供支撑材料主动申请，部门大型集体活动由二级学院统一上报；扣分项目由二级学院根据实际表现扣除，有疑问的被扣分者可以向本学院及工作小组提起诉求。

4. 德育学分的考核管理

自我管理是德育工作的一项重要内容，可以成立以学生干部及学生代表组成的考评小组，具体负责学生日常行为表现的统计、监督、分析等。各二级学院落实德育学分考评工作并将其纳入部门年度工作考核内容，与学院经费划拨挂钩，辅导员、班主任的组织情况与绩效考核、职称评定挂钩，对工作失误并造成不良影响的，实行一票否决制。

落实立德树人最重要的是逐步完善高校德育体系，构建精准考核、重视引导、形式多样、内容丰富、覆盖面广的德育体系，需要对德育工作进行量化考核。高校要在不断健全学校、家庭、社会共同参与的德育协同创新体系下强化师资力量、构建师生交流平台、完善考核形式，不断改善德育量化工作。德育学分制是德育量化的有效形式，高校应自觉贯彻"三全育人"德育理念，努力提高德育教育质量，把立德树人的核心和灵魂注入新时代的高等教育改革和发展之中。

第三节 儒家德育思想视阈下高校立德树人的实践路径

一、儒家德育思想是立德树人的重要资源

儒家思想由孔子创立，后逐步形成完整的思想体系，成为我国传统文化的主流，影响深远。儒家思想包括孔子的仁、礼、孝、义、信，孟子的性善

论和仁政，以及荀子的性恶论与礼治等。儒家思想作为中华传统文化的主流思想，也是高校立德树人的重要资源。

（一）仁者爱人的思想是儒家德育思想的核心

儒家德育思想的核心是教人做人，也就是使人知德、修德、立德、积德。孔子所说的"仁者爱人"表明人内心要有慈爱之心，这种爱源于人最初、最淳朴的感情和内心最自然的情感。在人与人的关系上，不仅自己要心存善意，而且要推己及人，去爱他人，实现"泛爱众，而亲仁"。但要实现由"亲亲"到"泛爱众"的跨越并不容易，因此，孔子有针对性地提出了"忠恕"和"孝悌"。忠恕，即尽心为人、推己及人；孝悌是对父母、对兄弟的情感，是"仁"的根本。我国当代哲学家、教育家冯友兰提出，"仁"的感情需要经过"礼"的"加工"才能实现其内在品质。

（二）礼教规范是儒家德育思想的外在形式

"礼"历来是儒家重要的思想。孔子强调"礼"的重要性，他在《论语·泰伯》中说道："恭而无礼则劳，慎而无礼则葸，勇而无礼则乱，直而无礼则绞。"如果没有"礼"，那么恭、慎、勇、直也就失去了其本意。孔子在《论语·季氏》又说："不学礼，无以立。"从而将礼提到了作为安身立命之本的高度，认为做人要有礼，不学礼，不成人。孟子认为"仁"与"礼"是君子内心缺一不可的，《孟子·离娄下》写道："君子以仁存心，以礼存心"，即失去了仁与礼，便不可称之为君子。荀子更是把礼提到了一个极高的位置，将礼作为道德的最高境界，《荀子·劝学》中写道："《礼》者，法之大分，类之纲纪也。故学至乎《礼》而止矣。夫是之谓道德之极。"对孔子在《论语·八佾》中讲的"克己复礼为仁"，冯友兰先生从人的欲望的角度进行了阐释，认为人需要克己的是非正当欲望，是损人利己的欲望。

（三）重义轻利是儒家德育思想的基本精神

《孟子·告子上》写道："仁，人心也；义，人路也。"孟子重视义，甚至将其置于生死之上，并讲"居仁由义"："仁"存在于人的内心，是"善"的源头，要将"善"显于外，必须有一定路径或行为方式，而"义"则是行为符合善的判断标准，成为真正"仁"的实施依据，有"仁"心也只有在"义"的规范、引导下，才能真正从善、积善。

荀子从人的本性出发，首先肯定了人生而有欲的本性或本能，同时又指出，满足欲望的方式应当有"度"，如果社会对"度"无所限制，则将陷于混乱。在此基础上，荀子提出应"制礼义以分之"，希望通过制定礼义使社会避免混乱，使人的道德素质得以提高。可见，"礼"和"义"在人们的生活和社会秩序的维护中有着重要的作用。

二、基于儒家德育思想的当代高校落实立德树人根本任务的路径探索

（一）学思并重

道德教育，不仅需要教师教，更重要的是学生的理解与思考。学思并重，才能使道德内化为学生的自觉行为。这里的"学"主要是学习道德知识，高校在课堂开展道德教育，是提高学生道德理论水平的主渠道；"思"是思考，学生在学习道德理论时必须思考道德理论所蕴含的道理，思考自己的日常行为是否符合道德规范。学是思的前提，正如孔子在《论语·卫灵公》中所讲："吾尝终日不食，终夜不寝，以思，无益，不如学也。"道德教育作为

立德的主渠道，其中的学习和思考不可分割。学生要在学习中思考，在思考中进一步提高，并用所学的道德理论规范自身的行为。

（二）身体力行

德行，是顺应自然、社会和人类客观需要的行为，是人们对"道"感知后所进行的行为。德是在知"道"后的身体力行，以身作则。明末清初思想家王夫之说："力行而后知之真也。""力行"强调的是道德主体的自主性和自觉性，将知识转化为实践，去践行道德理论，逐渐形成道德习惯。有道德的行为是一种正能量，对他人可以起到表率和示范作用。

（三）因材施教

德有仁、义、礼、智、信等多个维度，仁爱、忠义、礼和、睿智、诚信，每个人对德的各个维度存在不同的理解和认知，因此，立德树人还需要因材施教。

因材施教的教学原则，强调教书育人应根据学生的个性特点，给予不同的教育。正如孔子在《论语·为政》中对弟子的各类不孝行为提出不同的教育策略，如孟懿子的"违礼"，子游不敬重父母，子夏不对父母和颜悦色等。如何孝顺，孔子给了他们不同的答案。教师首先要关心学生，了解学生的个性特点。孔子在《论语·学而》中说道："不患人之不己知，患不知人也。"这就要求教师在教书育人的过程中要多与学生接触，多了解学生。高校可以推行导师制，使导师带动学生养成良好的道德习惯。

第四节　立德树人视阈下高校德育课程
体系的新构建

　　高校德育工作应该以立德树人为指导思想，遵循教育规律，结合当代大学生的发展特点，重新构建德育课程体系，培养全面发展的社会主义建设者和接班人。当前，我国高校德育课程体系存在着课程形式单一、课程内容老套、德育方法过时等问题，针对这些问题构建新的、合理的德育课程体系对提高德育工作的实效性和落实立德树人根本任务具有重要意义。

一、我国高校德育课程体系的现状分析

　　近年来，我国高校德育课程在一些教育学者研究的基础上逐步形成了一套较为完整的体系，其内容包括：学科性德育课程、活动性德育课程和隐性德育课程。学科性德育课程在培养学生的道德思维、帮学生积累道德知识方面起着重要作用，但由于忽略了学生的道德实践而略显不足。学科性德育课程的不足为活动性德育课程的出现提供了重要契机。

　　目前，多数高校沿用的德育教材仍是几十年一贯的传统教材，内容陈旧、空洞，脱离学生的生活实际。好的课程内容是提高教学质量、达到教学效果的重要因素之一，要想真正提高教学质量和学生的道德素质，必须大力改革老套、单一的课程内容，联系实际，抓住学生关注的难点、热点问题。

　　随着时代与社会形势的发展，德育内容应该不断充实和更新。一些反映时代发展需要的德育内容也应该纳入德育课程框架内，如科技道德和网络道德等。课堂教学重视知识传授，轻视能力培养。教学方式大多采用传统的"灌输式"和"单向式"的方法，教师不能遵循学生的认知规律，仅按照学

科体系进行讲授。这种传统的教学模式致使学生的课堂参与度低，不能较好地激发学生的学习积极性。在教学手段上，教师仍然使用"教材加粉笔"的传统模式，不能体现现代化教学工具的优势。

另外，我国高校德育课程体系理论上是由学科性德育课程、隐性德育课程和活动性德育课程三部分组成，但各高校在德育课程开设和实施过程中几乎都偏重传统的学科性德育课程，忽视隐性德育课程和活动性德育课程。这样的课程设置，只能培养学生道德素质"知、情、意、行"中的"知"，有悖于德育教育的本质要求。学科性德育课程和活动性德育课程是理论与实践的关系，理论必须高度联系实践，高校德育要想学生做到"知、情、意、行"相结合地发展，必须兼顾学科性德育课程、隐性德育课程和活动性德育课程，三者必须有机协同与融合。

二、基于立德树人的高校德育课程体系建构

立德，即立社会主义之德，引导当代大学生认真践行社会主义核心价值观。要想落实立德树人这一根本任务，必须大力改革高校德育课程，构建合理的德育课程体系。当前，各高校普遍存在着忽视隐性德育课程和活动性德育课程的现象，缺少隐性德育课程和活动性德育课程的补充，学科性德育课程的效果也不理想。因此，大力开发利用高校隐性德育课程资源与活动性德育课程资源，构建三种德育课程有机结合的高校德育课程体系，成为切实提高大学生整体道德素质的关键。

（一）积极推进学科性德育课程改革

学科性德育课程是一种传统的德育课程形式，是系统地向学生传授德育知识、道德观念，进行道德规范教育的主要途径。教师根据学科教学纲领，

带领学生掌握思想、政治以及道德的系统知识，着力培养学生的价值观、人生观和道德品质。针对当前高校学科性德育课程实效性不强的情况，必须采取有力措施，改革学科性德育课程。

一方面，高校要改革学科性德育课程内容，加强与学生实际的联系。学科性德育课程内容改革要面向两个实际：一是要面向现实社会生活实际，让当代大学生客观了解现实社会生活状况，这是德育理论课程的现实基础；二是要面向当代大学生的思想实际，大学生是德育课程的授课对象，他们的主流思想状况是健康向上、积极进取的，但由于受到一些负面影响，一些大学生存在政治信仰迷茫、价值取向扭曲、社会责任感缺乏、艰苦奋斗精神淡化等问题。德育理论课程改革必须以教育规律和大学生的身心发展特点为依据，通过各种教学方法，引导学生提高自己的思想道德素质，增强自身社会责任感，培养吃苦耐劳的品质。同时，德育理论应与各专业实践更好地联系起来，各专业开设的学科性德育课程应该体现出专业特色。

另一方面，高校要创新德育方法，提高德育工作的实效性。我国高校现行的德育方法是一种典型的"灌输模式"。德育方法的不当，严重阻碍了德育内容的展现和学生道德素质的内化，导致德育效果欠佳。新时代的高校德育必须采取创新、多元的德育方法，提高德育工作的实效性。

现代科技的迅猛发展给高校德育工作带来新的挑战：一方面，现代通信设备的广泛使用，使教育者和教育对象之间就获取信息而言已不存在数量和时间的差异。这就要求德育工作不能把教育对象当作消极接受的客体，而应该将其看作一个能动的主体。另一方面，科技的发展为创新高校德育工作方法提供了物质条件和基础。高校应通过创新德育方法，改善当代大学生的拜金主义、享乐主义、理想信仰的缺失等诸多问题。

（二）大力开发和利用隐性德育课程资源

隐性课程又称"潜在课程"，它是蕴藏在学校内部环境（如建筑景观、师德校风、人文环境等）之中的教育因素，是教育者为了实现德育目标，有组织、有计划地在学校范围内以各种方式使受教育者获得道德情感方面经验的课程。隐性德育课程可以通过调节学生的心理活动，潜移默化地培养学生的道德品质。因此，要想提高德育工作的实效性，除了改革学科性德育课程外，还要着力开发隐性德育课程。

1．提高教师自身的道德水平

和谐的人际关系是隐性德育课程的关键。和谐的师生关系有助于教师更好地感染学生，帮助学生形成良好的道德品质。教师群体是学校里的主导群体，育人的前提是做人，教师在学生面前起着道德榜样与"活教材"的作用，教师自身的一言一行都会无意识地影响着学生。因此，教师必须以身作则，对自己坚持高标准、严要求，成为学生的良好道德榜样。

2．加强校园精神文化和规章制度的建设

以校园精神文化内容为主要特征的隐性德育资源，主要是指校风、学风、教风、班级氛围等。校园的精神文化既富有知识性，又具有思想性；既可以丰富师生的精神文化世界，又是高校建设隐性德育课程的重要载体。因此，高校要切实加强校园的精神文化建设。

以校园规章制度形态为主要内容的隐性德育资源，主要指的是学校各种组织的各项规章制度，它会以有意或无意的方式对学生产生德育影响，严格而又合理的规章制度是学生养成良好行为习惯的重要条件。学校领导应该不断完善各项规章制度，争取以合理的规章制度引导学生养成良好的道德行为习惯。

（三）开展活动性德育课程

活动课程又称"经验课程"，实施活动性德育课程是以开展各种具有教育意义的活动为主，来达到促使学生进行道德实践的目的。这种德育课程最大的特点是实践性，它的功能在于让学生进行道德实践，亲身积累道德经验，培养学生的道德品行，达到道德、行为、观念知行合一。道德教育的最终目的不只是让学生掌握有关的道德知识，还包括形成相应的道德认知并认真践行道德规范。只有理论与实践相结合，才能增强高校德育工作的实效性，提升学生的道德素质。

1. 活动性德育课程应当遵循主体性原则

主体性原则是指在活动实施前、活动实施中都由参与者自主自愿参与，在活动中能切身体会活动所要表达的意义和经验。在学校开设活动性德育课程时，德育效果取决于学生主体性的发挥程度，因此，开设的活动性德育课程应该满足学生的实际需要和兴趣，让学生发挥自己的主体作用，积极对待和参与此类具有教育意义的活动课程并能有所体会，这样才能真正影响到学生的道德认识与道德实践。

2. 活动性德育课程应与其他课程相配合

活动性德育课程的开展，一是要与学科性德育课程、隐性德育课程相结合，三种德育课程在德育过程中各有所长，要想取得更好的德育效果，就必须使活动性德育课程与另外两种德育课程相互配合，形成相互支持的互补关系；二是要与其他各学科的课程相互配合，更好地挖掘学科的德育内涵，体现学科教学的育人价值。

第五节　立德树人视阈下高校德育体系的
长效机制

高校德育的建设和发展直接决定了国家培养什么样的新时代社会主义建设者和接班人，高校德育具有传递国家主流思想文化和观念的重要功能。在高校思想政治教育中，我们应该把德育放在重要位置，引导大学生树立正确的理想信念。因此，高校深入贯彻十九大精神，在立德树人理念下构建高校德育体系，有着重要的意义。

一、立德树人理念对高校德育的基本要求

（一）对育人标准的要求

高校德育的对象是大学生，当代大学生的"三观"、道德品行、行为习惯等都是高校德育重要的培养方向，而在立德树人理念下，教育人、培养人的首要标准是"德"，在高校四门思想政治课中，我们也都能看到这些主流思想文化对大学生的影响。"德"包括政治品德、社会公德、职业道德和生活美德。育人的标准是以马列主义思想为核心，深入贯彻社会主义核心价值观和习近平新时代中国特色社会主义思想。高校应以德育作为育人的标准，在德育教育过程中把"立德"和"树人"结合好，要培养德、智、体、美、劳全面发展的当代大学生，同时也要把大学生的世界观、人生观和价值观的合理引导作为高校德育的重要内容。

（二）对育人实效的要求

如何在立德树人理念下促进高校德育教育发展，也就是如何体现育人的实效。一方面，就是要对不同的大学生进行分层教育和分层管理。不同的

大学生的品德规范、"三观"发展都会有所差别，为了能在高校德育教育中发挥育人的最大实效性，高校应该采取分层教育的方式全面落实立德树人根本任务，做到科学育人。另一方面，根据不同大学生的特征及心理状态，因时因地育人，知识教育和能力教育同时进行，缺一不可。

二、高校德育体系坚持立德树人理念的必要性

（一）培养新时代社会主义人才的需要

人才的培养主要依靠高校对广大青年学生进行教育，设立全面发展的教育目标。而在新时代立德树人理念下高校培养社会主义建设者和接班人时应把"德"放在中心位置，将良好德行品行的形成设立为高校德育的第一教学目标，为中国特色社会主义培养真正意义上的建设者和接班人。

（二）推动新时代我国社会主义现代化事业发展的需要

高校将立德树人理念作为教学目标的一个参照，把"德"放在中心位置，培养德、智、体、美、劳全面发展的大学生也是为了进一步推动新时代社会主义现代化事业的发展。因此，坚持立德树人理念下高校德育体系的构建也是新时代我国社会主义现代化建设发展的现实需要。

三、构建立德树人理念下高校德育体系的原则

（一）主体性原则

主体性原则是指在高校德育体系构建中，要以学生为主体，将学生的知识水平、接受程度、学习经验等作为德育建设的主要标准，而在立德树人的教育理念下，主体性原则显得更加重要。具有良好品德、正确"三观"的大学生必然是高校德育下的成功典型，只有在高校德育中切实发挥学生的主

体地位，而不是一味地进行灌输，才可以使学生真正从心理上接受德育，从而更好地构建高校德育体系。当前，高校德育体系构建中容易忽略学生的主体地位，这也是高校德育体系构建难以保持长效性的原因之一。

（二）整体性原则

德育体系本身是一个复杂的工程，其内容包括心理健康教育、生命教育、理想信念教育等，在立德树人理念下培养全面发展的人才，高校德育教育体系的构建仅仅依靠高校是不够的。要发挥高校德育体系的长效性必须从学生的家庭、学校、个人以及社会各个层面出发，高校德育的实施者也应该根据被实施者即学生周围的社会环境、家庭环境及个人心理变化等方面调整德育的方法，真正从整体上构建高校德育的最优模式。

（三）有效性原则

在高校德育实施过程中，还有一个重要的原则就是有效性原则。有效性原则指的是在高校德育实施中能否真正对被实施者即学生产生良好循环的德育实际效果。虽然四门思想政治课是高校的公共必修课，但是课堂效果却不理想。很多学生认为，自己上网、看书也能学会道德教育的内容，这说明20岁左右的青年学生的辩证思考能力还处在容易自我满足的状态，现在高校德育实施者感觉操作困难，上课很难引起学生的共鸣。因此，在高校德育长效机制构建的过程中，切实有效地发挥"树人"功效，真正获得良好的效果是十分重要的。

四、构建立德树人理念下高校德育体系的实现途径

（一）把立德树人理念放在高校德育工作的中心环节

1. 坚持"教育为本，德育为先"的理念

首先高校在思想观念上要重视德育。现在的高校大学生之所以对思想政治课不重视，除了自身人生观、价值观并不成熟之外，有些高校对德育本身也不够重视，因此，坚持"教育为本，德育为先"的理念是十分必要的。高校可以创新一些德育的形式，丰富其内容，增加和学生的互动，如在辅导员的帮助下开展情景式道德小品比赛、青年学生思想道德知识竞赛、社会热点事件辩论赛等，通过丰富德育的形式，更好地发挥立德树人理念在高校德育工作中的作用，培养具有社会责任感、创新精神和实践能力的新一代青年，为落实立德树人的根本任务打下坚实的基础。

2. 坚持"全面育人"的理念

在高校德育体系的构建中我们提到了整体性原则，高校德育体系的构建是一个复杂的过程，要实现立德树人的根本任务，仅仅依靠高校育人是远远不够的。因此，结合整体性原则，同时发扬"全面育人"原则，也就是将影响大学生德行形成的相关的社会环境、家庭环境、个人因素等纳入高校德育体系中，只有以全局化的高度和眼光去把握，才能真正实现高校德育体系构建的长效性。

思想政治教师应该进行分层管理、分层教学。高校德育建设只有在"全面育人"理念的指导下进行，才能使德育建设在计划、监督、协调各个方面发挥最大优势，为高校德育体系构建创造多层次、更细化的教育环境。

（二）促进高校德育体系多元化路径发展

1. 高校德育应建立健全保障机制

在高校德育体系的构建中，学生虽然是德育的主体，但是实施者即高校德育的中坚力量，如思想政治教师、心理健康教师、辅导员、学工处行政人员等也在高校德育体系构建中发挥着十分重要的作用。近年来，高校工资福利待遇偏低、科研经费不足、思想政治体系不受重视等现象普遍存在，对高校德育的实施者有着很大的冲击，也影响着整个高校德育体系的构建及思想政治教育团队的凝聚力。因此，为他们建立更为健全的保障机制是十分重要的，增加思想政治教师的科研机会，提高其福利待遇，也可以提高高校德育体系的稳定性。

2. 高校德育应建立科学的考评机制

在高校德育体系的考评机制建设中，可以把激励机制和纠错机制相结合，细化和丰富考核方式，以提高高校德育工作者的积极性为出发点，使高校德育工作者和学生之间实现良性互动和良性循环。科学的考评机制包括对德育工作者本职工作的考核，也包括对德育工作者自身的道德水平的考核；可以采取奖励机制，也可以采取纠错惩罚机制。

在新媒体时代，高校应完善德育相关网站，利用数字媒体与学生互动，拉近德育与学生之间的心理距离，引导学生去学习和接受德育知识。教师也可以在课后举办一些与思想道德有关的热点事件的辩论赛，让学生自己表达观点后再进行德育教育，丰富德育的形式；教师也可以定期组织学生举办一些心理健康小品观赏或道德教育情景剧表演，让学生在准备、表演、互动中真正感悟社会正能量，践行社会主义核心价值观。

第六节　立德树人视阈下高校德育评价
体系的构建

教育工作应该以人为本，立德为先，只有将道德教育和评价体系结合运用，才能做到全面培养学生的才与德。基于"学生是教育主体"的基本教育观念，各高校应该确立"以人为本"的教育原则，在对学生传授知识、促进学生发展的同时，还要注意提升学生的综合素养。高校在加强德育的同时，应建立起以"立德树人"为基本观念的德育评价体系。

一、基于立德树人构建高校德育评价体系的原则

随着各领域的飞速发展，我国对人才的需求量日益增加，人才资源是国家建设与发展的重要资源。优秀的人才不仅要拥有大量的专业知识，而且要拥有良好的道德品质，各高校要对构建德育评价体系的原则进行深入思考。

第一，高校德育评价体系应该以立德树人为根本思想，全面培养学生的专业技能和道德品质，促进学生全面发展和综合素养的显著提升，为党和国家未来的建设与发展提供有知识、有素质、有纪律和有技能的高质量综合性人才。

第二，高校应该为学生积极营造立德树人的良好环境，正确引导学生的道德发展方向，进而激发学生的行动力，培养学生的立德树人思想和创新精神，全面提升学生的能力，优化校园道德风气。为此，学校要开展科学、合理、正确和有效的道德教育工作，为学生树立正确的世界观、人生观、价值观和荣辱观。

第三，高校要开展内部思想政治教育培训工作。管理者可以通过积极开展校内职业素养培训工作，提升教师的职业综合素养，并在此过程中树立教

师良好、正确的人生观、价值观、社会观和责任观，使其对教育工作的责任性和使命性有一定的重视，将学生的成长和发展设定为自己的职业使命，正确理解"立德树人"的教学目标，在为高校德育评价教学工作的有效落实奠定坚实基础的同时，还能为学生创造良好的成长环境。

二、基于立德树人构建高校德育评价体系的要点

（一）完善人才培养机制

高校教师是校园中各项活动的组织者和管理者，因此，在实施立德树人的德育工作时，教师应该占据主导地位。建立并完善德育人才培养机制，是确保高校顺利开展德育工作和实现道德教育良好成效的重要保障。人才培养机制不能只针对教师，也应该将学生考虑进来。高校完善人才培养机制要坚持多元化标准，以国家和社会需求为导向，让人才培养体系发挥出更大价值。深入研究"立德树人"的教育观念，科学配置教师与学生资源，加大对平日具有良好道德素养的教师和学生的鼓励力度并将其作为高校师生的表率，进而为其他师生提供良好的道德发展榜样。

（二）优化教育资源的配置

高校在开展德育评价时，应该对相关教育资源进行优化配置，并对教育活动进行统一规划和指挥，在进行活动时要注意突出立德树人的重点思想，综合考虑到学生的生活、学习、身体和学业规划等多方面的要求，优化教学配置，提高德育活动的实施效果。

（三）建立立德树人的职业标准

高校应该将立德树人的观念列入教师的职业标准之中，使教师正确认识到立德树人的重要性，并增强教师对立德树人的使命感。建立以立德树人为基本理念的教师职业制度，不仅能够让教师在职责和权利之间划清界限，

还能使教师正确认识到治学和育人的责任，明白教育工作者的重要性和使命性，增强教师的责任意识。同时，校领导还要注意教师的思想动向，在不断提升教师的专业能力的同时，还要不断提升教师的思想品德和政治素养。对存在思想问题的教师，校领导应该及时给予纠正，进而实现教师工作能力与道德素养的全面提升。高校教师要以个人魅力影响学生，而不是依靠教师的权力，要在实现立德树人的过程中实现教育工作者的个人价值。

（四）强化师资团队专业能力培养

以立德树人为育人目标，构建高校德育评价体系强调师资团队的专业能力。对此，高校管理者需要综合考量当前的实际情况，并结合立德树人教育的未来发展需求，进而制订出相应的强化措施，以增强师资团队的专业能力，提升高校德育评价工作的成效。在此环节中，高校管理者可通过以下三项措施进行：

第一，加强内部培训学习。管理者要积极为广大教师开展相应的专业培训工作，以提升其专业能力和工作质量。管理者需要对各培训环节进行严格管控，及时发现各教师专业能力的薄弱之处，对其实施针对性再教育，以实现各教师专业能力的全面提升，为高校德育工作奠定坚实基础。

第二，实施激励制度。在强化教师专业能力的问题上，管理者不应当强迫教师被动学习，而应当激发教师的学习意识和兴趣。在这个方面，管理者可根据实际情况，实施相应的激励制度，激发教师的学习意识和学习兴趣，鼓励其通过自主学习的方式，提升自身的专业能力。

第三，外派学习。管理者可以将教师派往专业院校进行进修式学习，以此提升其工作能力。外派进修的机会十分难得，该方式不仅能够使教师受到系统化的培养，而且能够激发教师的参与积极性。此外，管理者可以对进修完毕后的教师给予重用，保证其所学知识能够得到充分发挥与应用。

（五）提升师资团队职业综合素养

工作不认真、不积极、不进取等情况都是职业素养不高的表现。教师的职业素养问题不仅会直接影响教师的工作质量，还会严重影响到高校立德树人德育评价工作的有效开展，因此，高校管理者应当对该问题给予一定的重视，并以提升师资团队职业综合素养的方式，提高高校立德树人德育教学的成效。同时，教师拥有良好的职业素养和生活作风也可以为广大高校学生做表率，让学生正确了解立德树人和德育教学的重要性和必要性。

（六）加强高校间的交流互动

管理者可以通过开展交流互动活动，让教师走进其他高校中进行考察，使其更为直接地感受良好的教学环境，以此提升教师的职业素养。同时，教师还可以通过这样的机会积极交流教学经验，创新教学方式，为学生的良好成长提供保障。

（七）转变传统教育观念

高校开展以立德树人为目标的高校德育评价工作，不免会与传统高校教学方式、形式与观念等方面产生矛盾。对此，高校管理者和教师应当积极转变传统教育观念，适应学生未来成长与发展的需求，坚持以立德树人为教育目标开展教学活动。在教育过程中，教师应当明确学生的教育主体地位，根据学生成长和发展需求制订教学计划，加强学生德育教育，使学生的各方面素质都能得到提高，以促进高校学生的全方位综合性发展。

此外，教师还要营造平等、良好的沟通氛围，与学生在日常生活中成为朋友，通过交流与沟通，为学生输送正确的思想观念，帮助学生树立良好的社会观、价值观、人生观和责任观。教师要将高校教育中的专业教学与德育教学保持平衡状态，让学生对德育有一定的重视，并积极鼓励学生自主提升道德素养，从而提升以立德树人为目标的高校德育工作的综合成效。

第六章　立德树人视阈下高校德育工作与思想教育的创新研究

第一节　立德树人视阈下高校思想政治理论课的德育功能

高校思想政治理论课是促进学生树立正确世界观、人生观和价值观的基础课程，它关乎社会主义人才培养的质量，关乎党和国家事业的未来发展，因此，高校中实现思想政治理论课教学与德育工作融为一体是至关重要的。而事实上，当前我国的思想政治理论课教学中仍存在一些问题。

一、我国高校思想政治理论课的德育功能现状

（一）教育内容方面

大学生在思想政治理论课中对教学内容的挖掘与理解不深入。教师在课堂上多以知识灌输和基础理论教学为目标，每周仅安排一两节一到两小时的课堂教学，因此对德育教学无法深入探讨，更缺乏对正确道德行为的实践，学生无法形成政治认同感。

（二）教育主体方面

部分大学生对当前的政治事件不关注，缺乏学习动力。作为思想政治理论课德育工作重要力量的教师，没有与时俱进更新知识，不能将理论教学和德育实践教学有机结合。

（三）教育环境方面

在东西文化、古今文化、主流文化和大众文化并存交融的多元文化背景下，大学生的道德价值取向时刻都在发生变化。尽管开放、包容等多元文化环境给大学生创造了更广阔的思想空间，但西方文化中所倡导的自由主义、享乐主义、实用主义和极端个人主义对大学生的理想信念造成了负面影响。在这种背景下，高校思想政治理论课如何践行德育教育和社会主义核心价值观，如何坚持将立德树人作为高校思想政治理论课的目标任务，成为我国高校思想政治教育的难题。

二、立德树人在高校思想政治理论课中的地位

首先，立德树人是高校思想政治理论课教学的根本任务，这既是对优秀教育思想的传承，又是对党的教育理念的升华。其次，立德树人是以人为本理念在高校思想政治理论课中的充分体现。高校思想政治理论课的德育功能日益显著，有助于高校学生展现出自信、自强的良好品格。最后，立德树人是高校思想政治理论课的根本要求。《中华人民共和国教育法》规定："教育应当坚持立德树人，对受教育者加强社会主义核心价值观教育，增强受教育者的社会责任感、创新精神和实践能力。"可见，立德树人是教育的根本要求，是学生形成社会主义核心价值观的基础。

三、提升我国高校思想政治理论课德育功能的对策研究

思想政治理论课教学与德育教育应该是融为一体的。立德树人是高校立身之本，高校思想政治理论课应树立育人为本、德育为先的教育理念。具体对策如下：

第一，高校思想政治理论课教师是高校德育工作的一线指导者，思想政治理论课教师应将德育放在培养人才的第一位。践行立德树人需要高校思想政治理论课教师与时俱进，树立"德"的标杆，确立"德"的根基，切实提高内在品质，以身作则、身体力行，把学科知识和德育教育有机结合，使德育贯穿整个思想政治理论课教学过程。

第二，教师要不断充实思想政治理论课教学内容，努力改进教学方法，突出与时俱进这一特点，将课堂教学与实践环节融合到一起。例如，教师可以充分利用我国改革开放取得的伟大成就活动材料引导学生，加强德育在思想政治理论课中的作用，体现高校思想政治理论课的创新性和时代性。

第三，高校思想政治理论课要坚持改进和加强。全国高校思想政治会议提出了思想政治理论课的建设原则和方向，其原则是改进，目的是加强，并以实现立德树人为根本任务。

第二节　立德树人视阈下教师的德育专业化

教育是培养人的事业，立德树人是教育的根本任务。新时代我国高等教育事业快速发展，对高校德育工作提出了新期待，也对高校教师提出了新要

求。从教师的德育专业化内涵分析，"立德树人"的教育任务要求教师实现德的专业化。高校应努力培养教师的德育意识，不断强化德育规则，认真改进德育方法，推进教师德育专业化。

德育是教育中的根本性与方向性要求，而且立德树人的教育必然要加强高素质教师队伍的建设，推进教师德育专业化发展。高校德育渗透于智育、体育、美育及劳动教育活动当中，贯穿于教育教学的全过程。因此，高校教师作为大学教育教学实践的主导者、研究和改革的主力军，必须把握好教师专业化趋势，明确教师德育专业化的内涵，加快自身德育专业化的发展进程，以便更好地完成时代赋予的使命，不断开创高校德育新局面。

一、教师的德育专业化的内涵

教育的本质赋予了教师特定的社会角色，也赋予了教师特殊的道德要求。高校教师是高校的核心，从事的是培养人的工作，要把成长中的青年学生培养成具有可持续发展潜力的各类高级专业人才，这就决定了高校教师行为不仅涉及自身，更关乎整个学校和社会的发展。进入新时代后，加强育人载体建设，大力推进素质教育成为我国教育研究的主题，"教师专业化发展"成为焦点问题，而"教师的德育专业化发展"也已成为教育研究的热点。要了解教师德育专业化的内涵，就要做到以下几点：

第一，要了解教师德育专业化的组成要素，即"专业知能"与"专业伦理"。"专业知能"指教师不仅要有渊博的科学文化知识，懂得教育规律、德育理论、德育热点等，而且要具有相应的道德修养、核心知识和技能，能够切实地指导和规范学生的道德实践。"专业伦理"则是指教师在教育教学中应坚持的教师职业道德和教师职业行为准则等。

第二，要明确"德育教师的专业化"同"教师的德育专业化"的区别。"德育教师的专业化"是指专门从事德育工作专职教师的专业化，主要是担任德育理论课教学专职的德育教师、班主任或辅导员在德育领域中的深入研究。而"教师的德育专业化"，正如北京师范大学檀传宝教授的说法："要落实涉及影响学生成才的全体教育工作者的育人职责，促进他们的德育专业化。"

总之，教师的德育专业化从另一个角度来讲就是德育教师专业化的横向发展，它扩大了德育主体的范围，是教师队伍整体德育专业化的过程。

二、教师的德育专业化的必要性

（一）保证人才培养方向的需要

教师的德育专业化是为了解决教育现实问题。国家的前途和命运，民族的科学文化和道德水平，在很大程度上都会被教师的素质和水平所影响。每位教师都要严格要求自己，要坚持育人为本、德育为先。实现教师的德育专业化既有助于教师专业精神的形成和职业操守的养成，让教师成为学生和社会的行为示范者，又有助于教师培养适合国家发展需要的人才，使学生能适应社会变化，成为实用性人才。因此，教师需要加强自身的道德修养，提高教师队伍的整体素质，增强教师的教育信念以及社会主义认同感，从而以高度负责的态度、科学严谨的精神来培养德、智、体、美、劳全面发展的中国特色社会主义事业的建设者和接班人。

（二）提升育人质量的需要

教育是一种动态发展的过程，德育是学校全面发展教育中的主导成分。教育对不同的服务对象会呈现出不同的发展动机、需求和结果。学生要想在学习、就业以及所创造的人生中获得成功，就必须以德立学、以德立业、以德立生。对学校而言，服务育人、管理育人都需要教师的敬业爱生，教师的责任心有助于学生的成长。对社会而言，实践推进教育，尤其是德育最终的成果是服务社会，利用科学的方法来对学生进行全面培养也是社会发展的需要。加强教师的养成教育，让每位教师都能在掌握所教学科内容的基础上，优化课程结构设置，改进教学手段和方法，强化教育实践环节，最终让教师和学生在整个教学过程中体验到教与学的思想性及价值性。

（三）教师专业化发展的需要

"教师专业发展"是指教师以专业成长为目标，以提高专业理念与师德、专业知识、专业能力为内容，动态持续的发展过程，是教师个体的、内在的专业化提高；"教师专业化"则是职业专业化的一种类型，主要强调的是教师群体的、外在的专业性提升。两者既有联系又有区别，但"教师专业发展"是以丰富和提升教师专业素质结构为宗旨，优化教师整体素质，促进教师专业化发展。"教师专业化"的内容主要为"知识的专业化"和"德育的专业化"，也就是"师能"和"师德"，它们是教师专业化发展的两条"腿"，两者缺失任何一方都会导致教育的不平衡发展。"师能"主要指的是教师教育教学的能力；"师德"则是指教师在职业活动中逐步形成的道德观念、道德情操、道德行为和道德意志的总和，是教师应遵守的道德原则规范和应具有的道德品质，是教师专业素养的核心。

总之，"师德"和"师能"要同时得到锻炼，使教师在教育教学过程中既能遵守学术规范、潜心教书育人，又能传播道德观念、促进学生发展。

三、立德树人视阈下教师德育专业化的路径

（一）强化德育内化反省，不断强化德育使命

教师的教学过程不仅影响着学生的学习活动，也影响着学生的情感、思维方式、价值观乃至个性品质等。教育是培养人的活动，其根本任务在于"育人"，而要"育人"就必须把"立德"作为第一要务。教师的培养涉及教师的立场、态度和自我意识等多个方面。进行教师在德育维度的专业培养，首先应让教师意识到自身的德育身份和责任，意识到每位教师都是德育责任人，每项工作都是德育的渠道。教师职业道德的建立是迈向为人师表和教书育人的第一步，是树立良好师德形象，以德立身、以身立教的出发点。只有教师具有德育使命意识，才能将育人渗透到教学的方方面面，成为"专业化"的人。

（二）强化德育规律把控，不断加强德育实践

教师作为德育主体之一，既是进行认识和实践活动的人，也是被改造的对象，在改造客观世界的同时，也改造着主观世界。当教师在教学过程的各个环节都采用一种相对稳定的行为方式，且这种行为方式能成为一个学校大部分教师的共有习惯时，它就会变成教师的一种自在状态，进而成为一种教师文化。因此，学校在管理育人过程中，一方面要规范教师与国家、社会和学生的关系，践行爱国守法、服务社会、敬业爱生的准则，让教师争做"四有"好教师；另一方面，高校也要让教师在深入了解学生的同时，接受德育培训，掌握德育规律，提升德育工作能力，并督促教师在教学尤其是在德育实践过程中去寻找理论与教学实际的最佳结合点，最终由教师自己在德育的专业化方面完成"知、情、意、行"的转化，并将德育融入自己的教学习惯。

（三）强化德育方法创新，不断提高德育实效

学校工作的中心是教学，教师的德育要在教学中形成，并在教学中体现。当前时代发展迅速、社会纷繁复杂，德育实践面临着各种挑战，需要学校协助教师推进德育方法的改善，一方面要督促教师将道德观念、道德规范和道德理想付诸教学实践；另一方面要以发展的眼光看待学生德育的过去、现在和将来，要求全体教师要更新教育方法，恪守道德准则，内化于心、外化于行，为学生全面发展铺路架桥。教师自身要确定好德育目标，深化对德育本质的认识，将德育理论和德育实践相结合并进行反思和创新。为此，教师要把德育工作放在首位，从理论研究回归到实践探索，寻找出一条立德树人的道路，合理利用德育资源，研发适合自身的德育课程和教学活动；落实立德树人根本任务，遵循教育规律和学生成长规律，做到因材施教。

第三节　立德树人视阈下高校资助育人
体系的德育功能

近些年，高校资助育人成了教育界的热点话题。在高校扩招的背景下，大学生数量不断增加，困难学生人数也随之增多，他们是高校中不可忽视的群体。高校要顺应"立德树人、科教兴国"的理念和方针，就应该全面深入开展高校资助育人工作，发挥德育的功能。

一、当前高校资助育人的概况

在高校学生管理中，学生资助工作始终是管理的重点，不但能够帮助困

难学生完成学业，而且可以培养出业务水平高、专业能力强的优质毕业生。在具体开展高校资助育人工作中，需要准时发放资助金、精准评定资助的对象，对学校各方面的育人主体都要有所涉及。高校资助育人要在立德树人的基础上发挥出应有的德育功能。

二、基于立德树人的高校资助育人的德育功能

（一）高校资助育人的德育功能

1. 调控功能

在高校资助育人这一工作体系中，德育的调控功能指的是德育价值取向会影响资助工作的总体目标，体现在具体资助工作中就是德育工作和高校资助育人的充分结合。高校需要改变原有的纯粹资助思想，不可以将资助学生的工作当成一种事务性工作，借助高校资助育人所具备的调控功能，可以增强德育形式和德育内容的针对性，提升高校资助育人的效果，从而使立德树人目标最大化、最优化地实现。

2. 激励功能

德育的激励功能指的是给予困难学生精神上的鼓励。如果学生具有良好的精神状态，乐观、积极地学习和生活，就会勇于面对各种生活中的挫折和苦难，对生活充满信心；相反的，如果没有良好的精神状态，学生遇到挫折和困难以后便会产生消极认知。从实际情况看，高校资助育人既要在物质上给予学生帮助，又要组织开展心理援助、精神关注等一系列实践活动，从而利用优质的教育资源进行高质量育人工作，促进大学生全面发展与健康成长，促进教育公平。制定高校资助育人的工作体系、政策、制度时，必须对困难学生的内在需求进行全面考虑，充分关注学生的内心世界，将学生内

在的积极动力有效激发出来，让学生敢于面对生活、学习中的各种问题和挫折，对未来有所期待。

3．评价功能

德育的评价功能指的是我国的资助监督管理部门在考核高校资助育人工作时，需要把德育效果、立德树人成果当成该工作成效评价的重要标准，要求高校不但要始终遵循与贯彻我国制定的每一项资助学生的政策，让困难学生顺利完成学业得到保障，而且需要对接受资助的学生的心理状况、思想品德有动态、实时的关注。如果学生在接受国家的资助以后，表现出积极、乐观、向上的精神状态和面貌，那么高校资助育人的效果为良好；如果学生出现消极的反应，那么高校资助育人工作可能仍存在不足，可能偏离了该工作的出发点。

（二）提升德育功能的有效途径

1．资助育人方法融合立德树人理念

目前，高校资助育人这项工作一般是辅导员、学生干部来进行的，采用的资助育人方法决定着立德树人的最终效果，必须根据困难学生自身特点与资助育人内在规律有序开展，对原有资助育人方法加以优化和改善。为此，教育困难学生的过程中，不但要向困难学生传递来自学校、社会、国家的帮助与关心，而且要给予困难学生心理上的安慰，减少他们的心理落差，将困难学生的上进心和感恩心理有效激发出来。

同时，高校资助育人中为了实现立德树人的渗透，需要充分结合典型事例，将榜样具有的正能量发挥出来，挖掘育人工作中的模范典型，从积极努力、无私奉献、感恩回报、真诚待人等不同角度树立和挖掘困难学生的学习、生活榜样。高校应该在立德树人的基础上对资助育人方法进行创新，充分利

用信息时代的各种网络平台，使高校资助育人工作更加贴近困难学生的生活。

2. 资助管理机制渗透立德树人理念

进行高校资助育人工作时，要贯彻和落实立德树人这一根本任务，建立高校资助育人的制度。

首先，应该以服务为导向建立资助育人评审制度。评审工作是对困难学生开展资助管理的重要工作内容，很多学生给出了反馈意见，高校应该综合学生的基本诉求，对原有制度进行健全，做好心理指导、建议征求、申报辅导等高校资助育人的配套工作。

其次，应该将问题当作导向，建立推广教育制度。对现阶段高校资助育人中出现的缺陷与不足，可借助评审申报流程的规范加以解决，针对学生人际关系不好、政策了解不深入、思想觉悟低等问题，应借助广泛的宣传、推广教育来解决。在高校资助育人工作中，要完善推广教育制度，大力宣传资助育人政策，进行正向的引导。

最后，应该把效果当作导向，建立评价考核制度。进行高校资助育人的各项工作时，要想把立德树人应有的作用全面发挥出来，就要健全原有的评价工作制度，有效建立起与资助育人制度、资助管理制度相结合的评价制度。由此能够看出，规范高校资助育人管理能够保证工作的正确实施，并且高校资助育人水平的提升也是提高管理工作质量的重要前提，必须通过行之有效的评价考核机制将二者有机结合。

3. 资助育人体系保障立德树人渗透

高校资助育人工作必须与立德树人理念有机结合，提供多种服务保障与管理保障。只有提供全方位资助服务，高效完成困难学生的资助办理工作，才可以使困难学生真正受益，从而贯彻和落实立德树人理念。从资助育人的保障制度角度来看，可以发现这项管理工作具有一定的政策性、系统性与复杂性，而且持续时间长、覆盖面广；而原有的资助育人形式逐渐不能符合现阶段高校资助育人的需求。因此，需要进一步完善高校资助育人的保障机制，与资助育人作用相结合，使具体工作流程得到简化，交叉工作的强度减小，这样一来，既能提高困难学生的满意度，也可以减轻工作人员的资助管理负担，将更多时间和精力投入立德树人工作。

相关人员应该对当前高校资助育人的概况有一个全面了解，认识到高校资助育人具有的调控、激励、导向、评价等德育功能，能够通过资助育人方法融合立德树人理念、资助管理机制渗透立德树人理念、资助育人体系保障立德树人渗透等途径提升高校资助育人的德育功能，从而在立德树人的背景下促进困难学生的综合、全面发展。

第四节　立德树人视阈下推行德育答辩制度的新模式

坚持"立德树人"的根本任务，如何对大学生的德育状况进行评价，使德育教育具体化、有形化，真正实现德育教育全员、全过程、全方位的实效性，这是高校思想政治教育工作者面对的难题。针对这一问题，云南中医学院将德育教育与专业教育相结合，从 2013 届本科毕业生开始，推行德育答辩制度，明确规定本科毕业生要同时完成学位论文及德育论文的"双答辩"，原则上德育答辩不通过者不准予毕业。这一积极探索大学生德育教育新渠道、新模式的有益尝试，立足于实际，具体问题具体分析，对提高大学生思想政治教育的针对性与实效性有着现实意义。

党的十八大报告指出："把立德树人作为教育的根本任务，培养德智体美全面发展的社会主义建设者和接班人。"如何贯彻落实立德树人的根本任务，实现德育教育具体化、有形化，这是摆在高校育人工作面前的命题，这就要求高校育人工作既要遵循教育规律，服务于学生的成长成才，又必须通过路径创新，在方法、内容、形式上下功夫，不断增强大学生思想政治教育的针对性和实效性。

一、德育答辩的基本概念

德育答辩制度是构建大学生德育工作体系的重要载体。德育答辩是将"立德树人、以德为先、全面发展"的德育方针贯穿始终的主要体现，是对学校德育实施效果的全面检验，是毕业生德育评价体系不可缺少的重要内容。毕业生通过梳理专业学习、身心成长、思想意识、价值取向、社会责任等方面的收获、得失及感悟，在总结中反思与成长。

二、推行德育答辩制度的现实意义

党的十八大把立德树人作为教育的根本任务。德育答辩制度是践行立德树人和社会主义核心价值观的新方法和新途径，具有建设性和探索性的意义。

（一）推行德育答辩制度是德育实践的重要举措

为了保证质量，学校规定每个毕业生都要有指导教师，每位指导教师的学生不能超过 8 人，参与德育答辩工作的不仅有思想政治课教师、辅导员、班主任，还有校院领导、专业课教师、机关工作人员。2016 年，云南中医学院德育答辩指导教师已占全校教职工总数的 45%，这样的全员参与，大大提高了德育工作开展的有效性。

（二）推行德育答辩制度是深化高校德育工作的具体体现

德育答辩工作制度化、规范化，是实现德育教育有形化、可视化的具体体现，是加强高校德育工作的有效方式。德育答辩要求学生按照规定格式，将自己在大学期间所接受的专业学习、思想道德、身心成长等教育效果进行全面系统的回顾总结，形成德育论文，并以班级为单位用答辩的形式进行陈述，同时接受提问并作答，由答辩评审委员会综合其平时表现，就其整体的德育表现做出评价。毕业生通过德育答辩这个平台，可以多角度审视自我，总结成败得失，为踏上新的人生征途、开创美好未来奠定坚实的基础。

三、德育答辩制度开展的基本做法和经验

（一）领导重视，保障到位

高校把开展毕业生德育答辩工作作为检验全校德育工作成效的重要手段。高校不但可以制定实施方案，还可以制定如《德育答辩规程》《德育答辩论文撰写规范》《德育答辩成绩评分细则》等相关配套文件，为开展德育答辩工作提供强有力的政策支持。校院两级在工作中，要坚持"领导重视到位、思想认识到位、宣传动员到位、措施落实到位、协调配合到位"。学院可以成立"毕业生德育答辩指导委员会"，明确职责，责任到人，负责协调指导和具体工作，并安排专项经费予以条件保障。

（二）精心组织，全员参与

整个答辩流程可以分为宣传动员、论文撰写、交流答辩和总结整理四个

阶段，每个阶段均明确提出时间节点和要求，校领导应该及时到二级学院检查指导，了解工作进展情况，确保答辩工作顺利进行。学校应该制定德育论文开题报告提纲、德育论文撰写规范、德育答辩鉴定表、互评表等，为规范德育答辩工作提供明确的依据。

（三）过程管理，严格要求

1. 严格挑选指导教师

德育论文指导教师按照专业论文的基本要求，师生双向选择确定。教师与学生深入交换意见后确定论文题目，指导开题撰写，及时审读评阅。指导教师应该及时与学生进行面对面交谈，或在网络上保持密切交流，帮助毕业生正确认识自我、全面总结得失。

2. 严把论文质量关

学生通过自我总结、交流、答辩等互动过程，对自己的大学生活进行全面的梳理与反思，总结经验与体会，分析成功与失败，剖析优点与不足。学生还可以为自己制定短期或中长期的生涯规划，进一步理解自己的人生意义和价值。同时，高校要端正学风，明确要求论文务必为本人原创，抄袭者一经发现按不合格处理。

3. 强调正面引导

在论文答辩过程中，要明确每名毕业生的德育总结陈述和答辩中存在的问题，专家必须按照社会主义核心价值观以及《高等学校学生行为准则》的基本要求，及时纠正，以理服人，引导学生形成正确的认识。

4. 注重总结，典型示范

高校可以将推荐的"优秀德育论文"印刷成册，作为高校大学生思想政治教育的鲜活教材，发挥示范、引领作用。

四、完善德育答辩制度的思考

德育答辩制度的推行应该重在过程，应该贯穿大学的学习生活，使其延伸至各年级的学生中，大一时进行德育论文选题开题，大二和大三进行德育实践回顾，毕业班进行德育答辩。通过对低年级学生参与到德育答辩工作的调查得知，许多学生通过学长、学姐的感悟，清楚了该如何规划自己的大学时光，明白了该如何度过自己的青春年华。对教师来说，学生在德育答辩过程中的自我剖析，是通过其他渠道很难了解到的，特别是为辅导员搭建了一个重要的工作平台，能全方位地了解学生的所思所想，是开展学生思想政治教育的有力抓手。

高校推行德育答辩制度，要凸显"全员、全过程、全方位"德育的有效性。第一，必须融合入学教育、日常教育和毕业教育"首尾相连"的全过程，将德育答辩制度贯穿学生教育的始终，形成全过程德育教育常态化。第二，高校要适应教育环境不断变化的新常态，积极探索推行德育答辩制度的理论和实践，进一步把德育答辩制度的推行作为加强学风、教风、校风建设的重要手段。

推行德育答辩制度不是一个简单的活动，也不是一个单一的设计环节，而是着眼于大学生德育工作体系的整体构建，是"立德树人"根本任务落小、落细、落实的重要举措。相信在各方的共同努力下，德育答辩制度将会逐步完善，从而在大学生思想政治教育中发挥更大的作用。

第五节　立德树人视阈下高校体育课的

德育研究

我国高校体育教学改革已经推行多年，在体育教学方式、方法以及内容等方面成效较明显，但在德育方面效果甚微。然而，德育对一个国家、民族和社会的发展具有重大意义，体育教学是我国素质教育的重要组成部分，现阶段，加强高校体育课的德育教育已经迫在眉睫。

一、立德的必要性

国无德不兴，人无德不立。也就是说，如果一个民族、一个国家没有共同的核心价值观，那么这个民族、这个国家就无法前进；人无德不立，说明道德对每一个人的发展有着重要的价值和意义。良好的道德品质是每个大学生做好学问的前提和基础。

立德树人，必须努力践行社会主义核心价值观。每一个时代都有与之发展相符合的核心价值观，古人尊崇的礼义廉耻就是当时的核心价值观。党的十八大提出的当代社会主义核心价值观，分别从国家、社会和公民三个层面指出，倡导富强、民主、文明、和谐，自由、平等、公正、法治，爱国、敬业、诚信、友善，这就是现代教育的"立德"方向，更是每个大学生应该尊崇的道德观。然而随着经济全球化和网络技术的快速发展，大学生的思想观念、生活方式和心理状况等都受到各方面的冲击。面对各种新思潮，大学生的世界观、人生观和价值观逐渐表现出复杂化和多样化的特征，大学生的思想品质和修养参差不齐，这也给高校的德育教育带来了不小的挑战。

二、高校体育立德的优势

大学时期是大学生身心素质成长的关键期。大学生身体素质的高低影响着社会主义现代化建设。但是，现在大学生的身体素质情况普遍不容乐观。调查数据显示，多数大学生的心肺功能、上肢力量和平衡能力都表现出逐渐弱化的趋势，而与体质下降同时存在的必然是精神状态的不饱满。大学生从身体到精神上的健康缺失必然影响未来社会和国家的发展。大学是大学生成长的关键期，体育教育能够使学生直接参与各种体育活动，使他们在潜移默化中陶冶情操、强化修养、强健身体。

高校体育课有其自身的特殊性，有利于促进德育教育。德育教育要用好体育教学这个主渠道，使体育课与思想政治理论课同向同行，形成协同效应。在体育教学的过程中，教师所展现的语言和行为均会在潜移默化中影响大学生，在帮助大学生立德方面有其自身的优势。这就要求高校体育课在教学过程中要把立德树人作为根本任务，体现社会主义核心价值观，将中华民族的优秀传统文化等德育元素融入课堂，通过团体活动、体育竞赛等方式增强学生的规则意识、集体意识和协作意识，提高思想道德素质，真正发挥体育课堂立德树人、育人阵地的作用，促进大学生全面发展。

三、高校体育立德的方法

只有从自己做起、从身边小事做起，才能养成好思想、好品德。高校体育教育不仅是传授运动技能，体育教师自身的师德素养、言行举止等都对大学生起着示范作用。同时，大学生自身也要加强思想道德修养。

（一）发挥"德融课堂"的作用

体育在高校教育中处于十分重要的地位，在立德树人中也发挥着重要作用。立德首先要发挥体育课堂教学的作用，让体育教学与德育教育同向同行，实现协同效应。在体育教学中根据学生在体育课堂的表现，有针对性地对其进行思想政治教育，将德育与体育学科所涵盖的德育因素相结合，通过德育逐渐引导大学生树立正确的价值取向。

（二）发挥体育竞赛的德育作用

当代社会竞争无处不在，体育竞赛活动均具有强烈的竞争性。通过竞赛可以磨炼大学生的意志，培养大学生勇于拼搏、敢于挑战和锐意进取的意志品质，增强团队意识，培养大学生养成集体主义的精神和良好的社会品德。

（三）体育教师要做好示范，为人师表

体育教师应该具备良好的思想品德、强烈的事业心和认真工作的工作态度，以科学的世界观、价值观和职业道德观去影响学生，以良好的师德影响和带动大学生树立正确的价值观，为学生做好榜样和示范。

（四）大学生修身立德的主体作用

在立德树人教育中，大学生也要发挥自身的主体作用。要从我做起，从小事做起，坚定中国特色社会主义理想信念；要在学校和教师的引导下，树立正确的世界观、人生观和价值观，加强锻炼，把坚定理想信念与增强身体素质相结合，把中华民族优秀传统与体育活动相结合，坚持不懈地在体育锻炼中锤炼意志，养成团结集体、敢于拼搏和开拓进取等精神品质。

大学阶段是学生步入社会之前的一个重要阶段，大学生的综合素质对社会和国家发展有重要影响，因此，高校体育课德育教育尤为重要。在高校体育课中开展德育教育，一方面能够锻炼大学生的身体，另一方面还能够培

养大学生良好的道德品质，促进大学生综合素质的提高，使大学生兼具强健的体魄和良好的道德品质。

第六节　立德树人视阈下高校美术教育
实践的途径探究

高校美术教育的主要教学目的不仅是给学生传授美术知识、培养学生的美术技能，更重要的一点是要结合美术教育中的德育思想对学生实施正确的思想引领，促使学生树立正确的世界观、人生观和价值观，并培养学生良好的人文素质，促进学生的全面发展。因此，在新课程改革理念的影响下，高校在实施美术教学的过程中应该注意坚持立德树人的教育思想，正确处理美术教育和道德培养之间的关系，将学生培养成为具有良好精神品质的优秀人才。

一、立德树人是高校美术专业教学的指导思想

美术教育将美术作为本体，以提升学生的基本素质和修养作为主要教学目标。而美术教学中的德育教育不仅能培养学生的美术技能，还有助于学生综合素质的提高，在提升学生的思想道德素质方面发挥着重要的作用。党的十八大报告提出，新时代在开展教育实践的过程中应该将立德树人作为教育的根本任务，因此高校美术专业教学活动的开展要将立德树人作为教学的指导思想，并在立德树人思想的正确指引下，对高校美术专业学生的素质修养进行合理的培养，促使学生能够在美术教育的指导下，逐步完善自身

人格，树立正确的世界观、人生观和价值观，成长为有理想、有道德的社会主义事业的建设者和接班人，为社会主义精神文明建设贡献力量。

二、高校美术教育中德育教育的实践研究

（一）处理好美术本体教育和德育的关系

高校美术教育要想实现立德树人的教育目标，就要处理好美术本体教育和德育教育之间的关系，在保证本体教育效果的基础上，最大限度地发挥德育功用，培养学生的综合素质。在当前美术教学中，文本主义、工具主义思想盛行，在审美教育缺失的教育背景下，高校在组织开展美术教育的过程中要注意对美术本体教育进行重新定位，对美术在陶冶学生情操、培养学生人格方面的作用进行重新审视，进而借助正确的思想引导处理好美术本体教育和德育教育之间的关系，从审美教育入手，渗透德育思想，将学生培养成具有较强美术专业素养的全面型人才。

（二）挖掘美术作品本身的德育因素

美术作品中蕴含着一定的德育思想，教师在教学中挖掘美术作品的德育内涵，并借助美术作品中的德育元素对学生实施相应的德育指导，使学生的思想道德素质和人格能够得到良好的培养，为将学生培养成为高素质人才提供相应的保障。例如，在欣赏梵·高美术作品的过程中，教师就可以针对梵·高在美术创作中喜欢使用黄色和蓝色对比构图这一特点，引导学生在欣赏过程中对梵·高短暂、困难的一生加以了解，感受梵·高生命中的张扬、痛苦和不朽。这样，学生受到名家作品中的德育思想影响，使学生能够对生命价值产生新的认识，进而树立正确的世界观、人生观和价值观，促使学生的思想道德素养得到显著的提升。

（三）在师道传承中立德树人

美术教育具有师徒相授的特点。在教学实践中教师的学识、技法和品性都会对学生有所影响，教师在赏析美术作品的过程中表现出的审美倾向也会对学生的审美思想产生极大的影响，教师的审美倾向也会反映到学生所创作的美术作品中。因此，坚持立德树人理念，还应该注意师道传承，即教师在传授学生美术知识的同时，也以自身的审美观念和价值判断对学生做出正确的精神引领，促使学生的审美情趣能够得到良好的培养，进而形成积极、健康的人格。

（四）在美术教育实践中立德树人

艺术实践是高校美术专业教学的重要组成部分，学生在完成美术知识、绘画技巧的学习后，只有将所学知识融入艺术实践中，才能够实现对知识的内化，进而取得良好的学习效果。例如，在课外写生实践环节，教师可以引导学生深入社会生活，了解国情、民情，学生对相关社会现象能够产生更客观的认识，自身的社会责任感也会得到良好的培养，对学生人格塑造产生一定的积极影响。所以，在教学实践中，教师应该注意将立德树人的理念融入美术教学实践中，让学生在实践中感受和体悟思想道德问题，提升自身思想道德素养，促使学生获得更为全面的发展。

美术教育是一个系统的有机教育体。合理开展美术教育能够促使美术教育的德育功能得到充分发挥，进而全面发挥美术教育在立德树人方面的功用，以高雅的艺术思想对学生的精神世界做出正确的引领，逐步将学生培养成高素质的人才，为美术专业学生的个人成长以及我国美术事业的健康发展提供相应的保障。

第七节　立德树人视阈下高校的师德建设

师德是德育教育的基础和保障，唯有先树立师德，才可以确保教师教育工作的顺利开展。当前形势下，影响高校师德建设的诸多因素相互交织，导致师德建设出现了一些问题。高校德育教育应该坚持教书与育人相结合，提升教师的道德修养，树立师德模范，完善激励机制、监督机制、师德考评体系等方面的制度建设。

一、正确认识高校师德建设与立德树人理念之间的关系

（一）全面理解立德树人理念的深刻意义

中华民族悠久的道德文化对现今的教育仍然具有深刻的影响，立德树人的教育理念根植于深厚的传统道德文化沃土。国无德不兴，人无德不立，道德对国家和个人都具有重要意义。

德育为先是一项意义重大的教育原则，在唐代文学家韩愈的《师说》中，"传道"被看作教师最重要、最基本的任务，即传授道德的教育。道德教育在我国传统的教育体系中一直占据核心位置。社会倡导和鼓励人们自我约束，陶冶情操，追求非凡的精神境界，牢固树立正确的道德信仰。"立德"语出《左传·襄公二十四年》，即树立德业，修养品德，是为人处世的最高境界，决定个体未来的发展方向。"树人"语出《管子·权修》，即培养人成才，强调育人为本，用合适的教育培养人才。立德树人的理念蕴含着深刻的文化意蕴。在实际教学中，教师应发挥指导作用，坚持立德树人的德育理念，在教育工作中体现师德，培养学生端正的思想品德。

（二）高校师德建设是实现立德树人根本任务的基础保障

实现立德树人这一根本教育任务的基础是高校高质量的师资力量。师德水平直接影响教育的成败，教师作为高素质人才的培养者，对其职业道德的要求高于对其他任何职业的道德要求，其思想态度、行为方式会成为其教育行为的一部分，最终影响学生的人生观。唯有提高教师的职业道德水平，才能确保教育行为正常进行。因此，高校的主要任务之一就是不断加强师德建设，这将有助于教师提高抵抗物质诱惑的能力，使教师全身心投入到教育中，从而提高教育质量，培养出高素质、高水平的现代化人才。

二、当代高校师德建设的现状及改进策略

（一）当代高校师德的现状及存在的问题

1. 部分教师培育人才的意识淡薄

高校教师是学生重要的人生导师和道德修养的引领者，绝不是传递知识的"机器"。但是，当今一些高校教师只重视教学任务和科研成果，对学生漠不关心，缺乏与学生之间的沟通和交流，更没有注意培养学生探索知识以及融会贯通的能力，学生进入鲜活、真实的社会工作环境后，会强烈地感受到不同于以往的无奈与压力。还有一些高校教师缺乏良好的思想道德修养，在课堂上会有意或无意地向学生传授主观的人生经验，传播一些错误的思想，忽略师德对学生的性格及道德修养培养的重要性，在一定程度上误导了正处在世界观、人生观和价值观形成关键期的大学生，造成不良影响。

2. 部分教师不能做到爱岗敬业

在市场经济的消极影响下，社会上拜金主义、功利主义的氛围越来越浓厚。部分教师缺乏应有的敬业精神，急功近利，为追求个人利益，将精力主要

放在校外开展的"第二职业"上，而将教学放在次要地位，只讲"按酬付劳"，对本职工作敷衍塞责、应付教学，对教材不够了解、备课不够认真，从而影响教学质量，导致学生接受的知识含金量急剧降低，这对学生是不公平的。

3．师德建设机制不健全

国家政策对师德建设的规定不足，学校对师德的审核不规范，如果不涉及原则性问题，师德审核的结果基本上不是及格就是优秀。虽然相关文件对高校师德建设有一些规定和要求，但只是虚设而已，没有引起高校领导的重视，并未实际贯彻执行。加之近年来，高校之间的竞争日趋激烈，众多高校把更多精力投入在教学、科研方面，缺少对师德建设的关注。因此，部分教师不重视自身思想道德修养的提升，只注重积累专业知识和培养专业技能。由此可见，在缺乏职业道德高标准、严要求的约束机制时，教师很难有动力去提升自身的思想道德修养。

4．部分教师科研浮躁，学术风气不正

古往今来，学术领域被视为圣洁的土地，学术作品不允许有一点虚假。但是近些年，在社会不良风气、学校核查不严等影响下，一些高校教师缺乏专业精神，表现出浮躁的科研态度。为了达到科研任务指标，科研工作只强调数量，不看重质量，导致科研学术成果质量降低，甚至还出现了高校教师一稿多投，伪造或篡改科研数据，骗取科研经费或学术荣誉，抄袭他人学术成果等不良行为，破坏了人民教师的形象。

（二）改进高校师德建设的策略

1．实现教书和育人合一

（1）教师创新教育方式，更新自身的知识储备

坚持改进师德建设，将培育学生放在高校工作的第一位。首先，要求高

校教师改变固有的、传统的教育理念和思维模式，创新教育方式，丰富教学内容，采用"体验—感悟"教学模式，将单一、乏味的说教模式改为引导、辩论、演讲等新教学模式，加强师生之间的互动，全面调动学生学习的积极性，增强教育的生动性、感染性和实效性。还要始终以培养富有创新精神、社会责任感以及具有较高工作能力的人才为目的，在实践中发挥学生的主体性作用，着重锻炼提高学生的独立思考和解决问题的能力。其次，为了应对当今经济社会快速发展带来的机遇和挑战，高校教师应该在实际工作中不断充实和完善自我，要保持终身学习的态度，以适应社会的发展。除了科研能力外，高校教师还应该强化自身的沟通、组织及管理能力。最后，高校教师还应该不断给自己"充电"，更新自身的知识储备，丰富心理、政治、历史、法律等方面的知识。

（2）提升教师的道德修养，实现育人目的

在高校教育教学工作中，应该提倡教师自觉加强自身的道德修养，提升人文素质和文化内涵；要尊重学生，要高标准、严要求、公平公正地对待学生，关注学生的个体差异，悉心教导，形成彼此激励、教学相长的师生关系，促进学生全面发展；全力倡导实事求是、积极进取、以身作则、严格谨慎、一丝不苟的教育精神和育人态度；充分发挥课堂育人的核心作用，在教学实践中自始至终开展德育工作，真正意义上实现教书和育人相结合。教师还应该加强教育理论学习，坚持以自发的育人态度指导育人行为，明确师德建设的标准和自身差距，时刻对照标准自我反思，提升自身的道德修养，给学生树立良好的榜样。

2. 树立师德模范，强化激励机制

要增强高校师德建设的舆论宣传力度，不仅可以通过校报、宣传板等传统渠道弘扬师德建设的优良风气，还可以通过微信、微博等热门应用扩大师德网络宣传的覆盖面。在校内树立先进模范典型，举行模范人物的先进事迹报告会，广泛传播他们教书育人的先进事迹，大力弘扬他们的高尚精神，让他们起到模范表率作用。同时，应表彰思想道德素质良好、教书育人贡献突出、备受学生赞颂的优秀教师，强化激励机制，注重将物质激励和精神激励相结合。在高校教师中营造"爱模范、学模范、做模范"的良好气氛，使教师自发地加强师德修养。

3．健全科学有效的师德考评体系

很多高校严重低估了师德的重要性，而且尚未建立起科学有效的师德考评体系。基于此，高校应该实行师德考评制度，重视学生在考评体系中的作用。例如，高校可以定期安排学生以不记名的方式评价教师的职业道德，对师德要求进行量化、标准化，制定相对应的考评体系，防止考评的盲目性、滞后性和不合理性，将高校师德建设落到实处。要确保开展客观、民主、公正、公开的考评工作，充分发挥其正面引导作用，制定符合时代要求、方便操作的高校师德考评体系。严格执行教师职业道德考评工作，以年度或以学期为阶段，通过教师个人自我评价、学生参与客观评价、领导考核评价相结合的办法，将教师的师德水平和表现录入考评体系，设立师德考评记录，并将其作为评职评优的重要标准。

4．强化切实有效的师德监督机制

为了保证师德建设在高校内顺利进行，高校需要客观有效的督查机制作为后盾。明确责任主体，建立独立的师德监督部门，实行自查和督查二合一机制，以保证监督工作能够公平公正地开展。同时鼓励群众尝试用微博、微信等媒体进行监督举报，激发群众的积极性，构建教师、社会和家长多方参与的公平、公正、公开的立德树人监督体系，以增强高校师德建设。

师德建设是教师队伍建设的永恒主题，是保证教育教学质量，培育有理想、有道德、有文化、有纪律的共产主义事业新一代建设者的重要保证。在现在的社会大环境中，高校师德建设只有与时俱进，开拓创新，才可以紧跟时代前进的步伐。因此，必须把师德建设摆在学校工作的突出位置，强化以"德育为先，立德树人"为核心的当代高校师德建设，不断改进工作思路，扎实抓紧、抓好师德建设，全力提升师德建设水平，提高整个教师队伍的综合素质，培育和塑造合格的高素质人才。

第八节　立德树人视阈下高校社团的德育功能

目前高校主要通过第一课堂对大学生开展道德教育，而高校社团的存在打破了这种略显单一的形式，丰富了高校德育工作的载体。这里以"236爱心社"为例探究高校社团的德育功能。"236爱心社"是一个旨在传承无私奉献精神、弘扬当代大学生优秀品质的学生社团，以关注公益、传播爱心为宗旨，曾多次组织捐赠和支教等公益活动。经过多年发展，该社团已经初具规模，很多主流媒体如《中国教育报》和《人民政协报》等都对"236爱心社"的事迹进行过报道。

一、高校社团的德育功能

社团在大学生活中不可或缺，作为承载德育功能的一个有效载体，高校社团能够吸引大学生广泛参与。高校应该重视发挥社团的德育功能，坚持围绕"育人为本、以德为先"的理念开展社团活动，有效地提高大学生的道德修养，改善高校德育工作的效果。

（一）培育和践行社会主义核心价值观

大学生的价值观还没有完全成型，"拜金主义"和"物质主义"的价值观念对大学生影响较大，同时，网络的迅速发展使大学生的价值观更容易受到外界信息的影响，在这种情况下，高校不仅要注重理论知识的传授，也要注重大学生价值观的养成。

高校社团作为第二课堂，是思想政治教育的重要渠道，与略显枯燥的第一课堂相比，社团活动生动的形式和丰富的内容对大学生有更强的吸引力。在参与社团活动的过程中，大学生不知不觉地受到感染，其社会主义核心价值观也更容易受到培育。"236 爱心社"通过组织支教和爱心基金等有意义的活动能够使大学生深刻地体会到奉献、友爱、互助和进步的精神，这些精神已经发展成一种校园文化氛围，大学生在这种文化氛围的感染下逐渐树立正确的价值观。

与课堂中教师讲授理论知识相比，大学生在实践中的真切体会对品德培养更具有影响力。"236 爱心社"开展的为偏远地区捐赠衣物的活动，让不少偏远地区的儿童穿上了整洁的衣服，这一活动让社团成员亲身体会到"赠人玫瑰"真的会"手有余香"，对大学生树立正确的人生观和价值观有很大的帮助。

（二）增强集体意识和团队协作精神

任何人都不能脱离社会独立地存在，人的本质特征就是社会性。但在互联网大时代的背景下，大学生之间面对面的交流越来越少，其中有一部分学生以自我为中心，出现"人际交往障碍症"甚至自闭倾向。高校社团把志趣相投的个体凝聚在一起，给大学生之间的交流架起了一座桥梁。这样一来，大学生开始从自己的小世界走出来，融入学校社团这个集体中，与其他同学交流、互动。在社团活动过程中，社团成员会逐渐意识到自己的不足，认识到团结的重要性。例如，在"236 爱心社"关心贫困儿童的活动中，通过积极地进行活动的组织、策划和实施，每个学生都贡献出了自己的力量来帮助贫困儿童，他们不仅学会了如何与别人相处，也学会了如何共同协作完成既定目标，增强了集体意识。

（三）进行心理调适和发展健全人格

如今的大学生处于宽松的时代环境，涉世不深，抗挫折能力较差。在大学生活中，学生不仅面临着学业的压力，也面临着人际关系和就业等方面的压力，不少大学生出现了不同程度的心理问题。近几年，校园欺凌和"校园网贷"等事件层出不穷，大学生的心理健康问题开始引起社会的关注，有效地开展大学生心理健康教育变得刻不容缓。然而，促进大学生全面发展只依靠第一课堂很难实现，高校社团作为第一课堂的延伸，其丰富多彩的形式和内容可以使大学生在展现自我价值的同时有效缓解压力并克服不良情绪，在社团活动中社团与社团之间、社团中各成员之间的沟通和互动对心理调适也非常必要。例如，"236 爱心社"举办的"肺活量大挑战"，其中念文章和吹气球等比赛活动吸引了很多大学生。参加该活动的大学生认为，这一活动不仅让他们了解了"尘肺病"，而且有趣的活动形式也让他们的身心得到了放松。

二、高校社团德育功能的现状

当前，高校社团的数量不断增长，大学生有了更多的兴趣选择。通过参加大量的社团活动，大学生的集体意识得到了增强，人际交往圈随之扩大，学习和生活中的压力也得到了缓解。但目前社团对大学生价值观的引导作用并不明显，没有达到预期的效果，而且社团德育功能的发挥缺乏有效的保障。

（一）社团德育功能的发挥效果不明显

考察目前高校比较受欢迎的社团，发现大部分社团活动的娱乐化倾向严重，并没有去挖掘社团的德育功能。北京大学师生座谈会强调，要把立德树人的成效作为检验学校一切工作的根本标准，真正做到以文化人、以德育人，不断提高大学生的思想水平、政治觉悟、道德品质和文化素养，做到明大德、守公德、严私德。

目前，很大一部分社团活动的开展过于形式化，跟风举办活动，追求活动的"量"而忽视了"质"，完全没有体现社团对大学生的价值引导功能。一些艺术类社团为了迎合大学生的喜好，举办歌唱比赛，内容多为流行歌曲、街舞等，价值引领的内容寥寥可数；一些理论研究类社团一个学期下来也只是举办了几场学术性较强的论坛，基本没有涉及思想政治教育的内容。笔者认为，不同社团发挥德育功能的方式会有所差别，所以不同社团合作来举办活动可以取得更好的育人效果。但目前不同社团的活动范围基本都在自己的社团中，社团和社团之间缺乏合作和交流。"236 爱心社"成员也表示该社团基本都是在社团内部组织活动，很少和其他社团联合组织活动。长此以往，社团的育人效果很难得到保证。

（二）社团德育功能的发挥持续性差

由于大学学习生活阶段性特征的影响，大一和大二的学生成为社团的主要参与人员，社团成员到了大三，除了留下来任社长外基本都会选择退出社团而专注学习和寻找工作，这样的人员构成并不利于社团的持续性发展。一方面，对于"老社团"来说，尤其是像"236爱心社"这种有十几年发展历程的社团来说，学生在这有限的时间内体会不到社团厚重的历史和特有的文化；对一些新社团来说，随着社长的退出，成立不久的社团则可能因人员不稳定而发展不好甚至面临注销的问题。另一方面，社团准入门槛低，学生可以随时入团、退团，造成了社团内部成员的不稳定。社团成员的不稳定导致社团思想政治教育的实施对象不稳定，成员不能长期、持续地受到影响，整体育人效果并不显著。

（三）社团德育功能的发挥缺乏保障

虽然大多数高校意识到社团在德育中的重要作用，但并没有把社团的发展纳入学校的总体发展中，师资力量和经费支持都没有充分的保障。我国高等学校教育的形式长期以来依赖第一课堂的教育，第二课堂的开展形式单一，在建设上缺乏系统性。

目前，高校社团的发展规模不断地扩大，但是高校并没有为社团配置更多的管理教师，造成社团大部分活动的开展缺乏相关教师的指导。由于高校对社团的重视不够，大部分社团指导教师都属于"兼职"，由学校分配任务来进行义务指导，社团工作不被算到教师的个人业绩中，所以与有教学任务的第一课堂相比，指导教师对社团工作的积极性并不高。此外，社团活动的经费也缺乏保障，目前主要通过收取会费、拉赞助和众筹等渠道获得经费，如"236爱心社"因经费不足，多次通过线上平台进行众筹。

三、有效发挥高校社团德育功能的主要途径

（一）以立德树人为宗旨，充分挖掘社团的德育资源

社团在发展的过程中不仅要发挥愉悦身心的功能，更要努力提高活动的质量，发挥社团的德育功能。对不同性质的社团来说，开展活动时社团应该找准自己的定位，紧密围绕社团成立的宗旨和目标来弘扬社会主义核心价值观，发挥育人功能。例如，文艺类社团在活动内容上可以多选择红歌和民族舞等，展现优秀的传统文化；学术类社团可以举办思想政治教育方面的知识竞赛；公益类社团可以注重开发更多可参与的公益项目等吸引大学生的加入。

此外，社团活动应该力求以新颖的形式来培养大学生的兴趣，提高大学生的活动参与度。作为公益类社团的"236 爱心社"就曾组织社员前往贫困地区支教、开展预防艾滋病知识竞赛和爱心公益论坛等活动，在学校众多社团中脱颖而出。高校应该鼓励社团之间、社团内部的部门之间进行比赛和合作，在提高社团成员活动积极性的同时，使社团之间得到更多的交流。

（二）加强社团骨干培训，确保社团德育功能的持续性发挥

社团德育功能的持续性发挥，在很大程度上受到社团骨干素质的影响。如果社团骨干作风正派、能力较强，社团的发展就较好，社团德育功能的持续性发挥也能得到保证。因此，高校要注重社团学生骨干的培养工作，制定一套完整的培训机制来解决社团管理者素质参差不齐的问题。

首先，要深入了解社团骨干，对社团骨干从德、能、勤、绩、廉各方面进行全方位考核；其次，从社团管理特别是组织管理和文化传承等具体方面对社团骨干和社团的预备骨干进行专业的集中培训，定期进行考核，为社团

的预备骨干更好地接续社团工作奠定基础；最后，多组织一些以社团管理为主题的讲座，让社团的预备骨干从一些成功的社团身上学习社团的管理方法。比如，清华大学的社团"马克思主义学习研究协会"就多措并举，打造了学生理论骨干先锋队，他们坚持定期在协会内部开展理论学习和深度研讨；组织协会骨干赴贵州等地开展社会实践活动，通过入户调研、实地探访，使学生深入了解国情，思考自身的责任与使命；将协会骨干纳入学生社会工作培养体系，开设学生社会工作概论课程，定期组织培训和工作沙龙活动，提高协会骨干在统筹协调和沟通表达等方面的综合能力。

（三）健全机制和加强管理，保障社团德育功能的有效发挥

高校在注重学生学习成绩的同时，也要加强对社团这个第二课堂的重视。第一，高校要提高对社团活动的重视程度，将社团的发展有机融入"三全育人"的思想政治大格局中。鼓励社团建立社会实践基地，扩大社团的辐射范围，提高社团的知名度和影响力，从而获得更多的社会支持。例如，"236 爱心社"先后在临汾市红丝带学校、临汾市特殊教育学校、临汾市农民工子弟学校等地建立了校外实践基地，走出学校、走向社会，引起了社会各界人士的广泛关注并受到高度评价，同时也激发了更多青年学生奉献爱、传递爱的信心与使命感。

第二，高校要鼓励教师积极地参与社团建设，引导社团开展有意义的活动。校团委应该针对不同的社团类别，有针对性地选任不同的专业教师和研究生指导社团的建设和管理工作，以保证社团管理的方向。比如，文艺类社团可以配置艺术专业的教师进行指导，学术类社团可以让理论知识较为丰富的教师来指导。高校应该把参与指导社团工作纳入教师业绩考核范围，从而提高教师参与社团工作的积极性。

第三，高校要对社团举办的活动严格把关。高校要对社团活动进行严格审核，对缺乏明确目标和偏离德育宗旨的活动要坚决制止，应该根据社团活动的举办目标和育人效果，决定是否给予资金支持，尤其要对那些能够发挥良好德育功能的社团活动给予大力支持。

参考文献

[1]阿拉斯戴尔·麦金太尔．宋继杰译．追寻美德：伦理理论研究[M]．南京：译林出版社，2003．

[2]柏拉图．理想国[M]．郭斌和，张竹明译．北京：商务印书馆，1986．

[3]蔡元培．蔡元培教育文选[C]．北京：人民教育出版社，1980．

[4]稻盛和夫．干法[M]．曹岫云译．北京：机械工业出版社，2010．

[5]卡尔·雅斯贝尔斯．什么是教育[M]．邹进译．北京：生活·读书·新知三联书店，1991．

[6]李航．新时代高校道德教育的路径探析[J]．滇西科技师范学院学报，2019，28(2)：82-86．

[7]理查德·桑内特．匠人[M]．李继宏译．上海：上海译文出版社，2015．

[8]马克斯·韦伯．学术与政治[M]．冯克利译．北京：外文出版社，1997．

[9]秋山利辉．匠人精神[M]．北京：中信出版社，2015．

[10]塞缪尔·斯迈尔．赵志明译．品格的力量：史上最强的活法[M]．广州：广东旅游出版社，2013．

[11]陶行知．中国教育改造[M]．北京：人民出版社，2008．

[12]维克多·奥辛廷斯基．未来启示录：苏美思想家谈未来[M]．徐元译．上海：上海译文出版社，1988．

[13]魏欣羽．当代马克思主义德育思想新发展：习近平"立德树人"德育思想三维探析[J]．中共济南市委党校学报，2019(3)：97-100．